Patios y zonas de sombra

rápido y fácil

> Autora: **Jolanda Englbrecht** | Fotógrafos: **Wolfgang Redeleit y otros conocidos fotógrafos de jardines** | Ilustraciones: **Birgit Dauenhauer**

Indice

Jardinería de interior

Las 5 etapas fundamentales

>> rápido y fácil

HISPANO EUROPEA

Jardinería

La sombra y sus efectos

La sombra tiene muchos aspectos interesantes. Se presenta con vibrantes puntos de luz o también con perfiles muy marcados.

Un jardín totalmente desprovisto de sombras nos parecería aburrido y «muerto». Pero

> *La ombliguera vive perfectamente en las zonas de semisombra.*

no todas las sombras son iguales. Según su duración y extensión podemos distinguir diversos tipos de sombras que, a su vez, producen diferentes efectos. Si sabe cuáles son éstos y los hace coincidir con las exigencias de las plantas, el éxito está garantizado.

Tipos de sombras

➤ Las zonas de **sombra ligera** solamente están privadas de una parte de la radiación solar debido, por ejemplo, a las hojas de las plantas. Aquí pueden vivir prácticamente todas las plantas que necesitan estar al sol. Si en el suelo se alternan el sol y las sombras, se pueden producir unos juegos de luces que le den mucha vida al jardín.

➤ En las zonas de **semisombra**, el suelo está a la sombra como mucho durante la mitad del día, recibiendo por lo menos de cuatro a seis horas de sol. A muchas plantas les va bien que las coloquemos en un lugar en el que estén protegidas del sol intenso de mediodía, manteniéndose así más frescas a las horas de máximo calor.

➤ Denominamos **sombra definida** a una superficie sombría bien delimitada. Por lo general se puede identificar bien la causa de esa sombra, como por ejemplo un edificio. Esta sombra se desplaza-

rá a lo largo del día, siguiendo el sol.

➤ En las zonas de **sombra intensa**, el sol apenas llega al suelo. Son lugares en los que solamente pueden vivir plantas que necesitan muy poco sol, como el boj, el aligustre, las hostas, la madreselva o los helechos.

➤ A pesar de ser una creencia muy extendida, la sombra no es forzosamente sinónimo de humedad. Las copas de los árboles muy densos y los aleros de los tejados pueden conseguir que al suelo no llegue ni una gota de lluvia. Esto puede crear unas zonas de sombra seca, con tan poca humedad que solamente logren sobrevivir en ellas plantas tales como saxífraga , waldesteinia o vincapervinca.

➤ A orillas de los arroyos y las charcas hay zonas de **sombra húmeda** con un nivel de humedad en el suelo muy elevado. Ahí prosperan especies palustres tales como raíz de serpiente o las primaveras.

Efecto en las plantas

➤ **Luz.** ¿Porqué muchas plantas no pueden vivir a la sombra? En principio, todas las plantas dependen de la luz solar como fuente de energía para realizar la fotosíntesis. Los vegetales son los únicos organismos que pueden tomar el dióxido de carbono del aire, el agua y las sustancias del suelo para transformarlos en materia orgánica propia y energía mediante la intervención de la luz del sol. Por lo tanto, les es necesario disponer de un mínimo de radiación solar. Ante la falta de luz, la mayoría de las plantas reaccionan creciendo mucho en longitud para poder alcanzar algunos rayos de sol.

Las especies interesantes para el jardín con sombra son plantas que han logrado adaptarse a vivir recibiendo una escasa radiación solar. Algunas de ellas, como las hortensias de invierno, las hostas y las rodgersias, tienen hojas con una gran superficie para poder aprovechar al máximo la poca luz que llega hasta ellas. Además, son verdaderas especialistas en ahorrar energía.

➤ **Humedad.** En los lugares sombríos a los que llega la lluvia, una menor evaporación hace que el suelo esté más húmedo. Estos jardines hay que regarlos menos y son más fáciles de cuidar.

➤ Los helechos prosperan bien delante de los árboles y en los bosques poco densos. Forman una buena combinación con las robustas hosta.

➤ **Temperatura.** En los lugares sombríos no aumenta tanto la temperatura, y los cambios son más uniformes. En los días calurosos resultan agradables; y las plantas también sacan provecho de ellos.

➤ **Raíces.** Algunos de los árboles que dan más sombra, como el abedul, producen una densa trama de raíces superficiales que hacen que el suelo se seque todavía más. Esto supone una competencia demasiado fuerte para las demás plantas. Las tapizantes y las matas pequeñas pueden soportar la presión de las raíces, pero no logran sobrevivir entre raí-ces muy grandes (ver sugerencia de la página 28). ■

Causas de la sombra

Para el jardinero no es lo mismo que la sombra proceda de un árbol o del muro de una casa.

En principio distinguiremos entre sombras de origen «natural» y de origen «artificial». El efecto de ambos tipos de sombra puede influir de modo muy diferente en la humedad, la temperatura y muchos otros parámetros (ver páginas 6 y 7).

Sombras naturales

➤ Los árboles y arbustos proyectan sombras naturales, las más densas son las que se hallan bajo las **coníferas** densas y oscuras. En los jardines domésticos suelen estar representadas por pequeños grupos de enebros u otras coníferas enanas que se pueden combinar bien con rododendros, astilbes y helechos.

➤ Los **árboles de hoja caduca** proyectan unas sombras más claras y difusas. El sol puede pasar entre sus hojas y llegar al suelo, formando un juego de luces. Se pueden combinar bien con matas que toleren la sombra, como la waldsteinia de bosque, la campanilla de bosque (*Campanulla latifolia*), y *Polygonatum*. Estas plantas viven bien en terrenos ricos en humus y se han adaptado a la caída anual de la hoja, por lo que no es imprescindible recoger la hojarasca en otoño.

➤ El lugar del jardín en el que más cambian las sombras es **cerca de los árboles.** Las condiciones lumínicas varían mucho en función de la hora del día y de la estación del año. Son zonas ideales para plantas que florecen en primavera, tales como los narcisos de las nieves y los crocus. Cuando florecen reciben bastante luz porque a los árboles todavía no les han salido las hojas. Luego se retraen lentamente y les basta la luz que les llega bajo el nuevo techo de hojas.

Los **setos** también proyectan sombras. En los setos naturales y sin podar, su efecto es similar al de los árboles de

> *Un lugar de reposo entre muros tapizados de verde.*

cerca. Por lo tanto, las flores de bulbo siguen siendo una buena opción. Sin embargo, si están formados por arbustos de hoja perenne, los setos formales producen unas sombras mucho más delimitadas que se mantendrán durante todo el año. Pueden crear un bonito fondo para pequeños arriates con matas de sombra, tales como astilbes, trébol rojo o geranios.

➤ Las **plantas trepadoras** que crecen sobre soportes también proyectan sombras, aunque sólo sea sobre una zona reducida. Pero muchas especies dejan pasar bastante luz, como la clemátide de los Alpes *(Clematis alpina)*, que además produce unas flores muy atractivas. En la base de las trepadoras se pueden plantar lirios y, en lugares soleados, incluso rosales.

Sombras producidas por las construcciones

Las sombras de origen artificial son las producidas por edificaciones, aleros y muros. Al contrario de lo que sucede con las de origen natural, éstas no cambian a lo largo del año. En la cara norte no sólo impiden el paso de la luz, sino con frecuencia también el de las precipitaciones, por lo que originan unas zonas oscuras y secas en las que sólo pueden vivir unas pocas especies. En la naturaleza se dan condiciones similares en la ladera norte de las montañas y junto a las formaciones rocosas.

Sombras que se desplazan

A lo largo del día, las sombras –tanto las debidas a plantas como las de las construcciones– se desplazan por el jardín siguiendo el movimiento del sol. También varía la extensión que queda a la sombra, aumentando por la mañana y por la tarde, cuando el sol está oblicuo, y disminuyendo a mediodía, cuando el sol está en el cenit. Las sombras también varían en función de las estaciones del año; en invierno disminuye el fotoperíodo y el sol está más bajo que en verano. Por lo tanto, las sombras siempre están en variación constante. ∎

INFORMACIÓN PRÁCTICA

Plantas como en su medio natural

Las plantas de bosque necesitan poca luz y toleran bien la caída de la hoja, por lo que resultan ideales para un jardín con sombra:

✗ Los helechos grandes tienen unas hojas muy atractivas y su silueta siempre resulta interesante.

✗ La hiedra se puede emplear como planta trepadora o como tapizante.

✗ Para dar una nota de color se pueden emplear las matas altas, tales como astilbes y dedaleras.

Elección de las plantas

La oferta de plantas para lugares sombríos no es tan reducida como podría parecer. Si desea disfrutar mucho de su jardín a la sombra, deberá empezar por elegir con cuidado las plantas a colocar en él. Si tiene en cuenta un par de trucos y un par de reglas básicas (ver páginas 16 a 23) y tiene en cuenta las necesidades de sus plantas, podrá conseguir combinaciones de colores tan atractivos como los de pleno sol. Con frecuencia se ofrecen variedades nuevas que son especialmente resistentes a las enfermedades y/o a los parásitos y caracoles.

Hay que tener en cuenta el tipo de sombra

➤ Con las «polivalentes», que viven bien tanto al sol como en la semisombra o a la sombra, resulta difícil equivocarse.

➤ Para la semisombra también se dispone de un amplio repertorio, ya que son muchas las plantas que toleran bien estas condiciones (ver descripciones y tablas a partir de la página 40).

➤ Si tiene una zona con árboles de hoja caduca, en primavera recibirá mucho sol (ver página 8), y será un lugar idóneo para plantas de floración temprana, tales como las de bulbo y prímulas, cordialis y crocus.

➤ Pero en las zonas más sombrías y oscuras no hay más remedio que combinar plantas que realmente resistan esas condiciones (ver página 55).

¿Seco o húmedo?

El siguiente factor es la humedad del suelo, que en las zonas sombrías afortunadamente suele ser bastante homogénea. Pero en las zonas muy húmedas, como las de las orillas de ríos y charcas, hay que emplear plantas palustres. En las sombras secas es mejor colocar plantas que necesiten menos agua, como la waldsteinia tapizante de bosque.

El suelo

El grado de acidez del suelo también desempeña un papel muy importante, ya que algunas especies sólo viven bien en suelos ácidos, como los rododendros, o incluso sufren de clorosis si éste es demasiado alcalino, como *Pachysandra terminalis*. Otras plantas necesitan suelos alcalinos, como el laurel cerezo, las clemátides y el martagón. En la vitalidad de las plantas también influye mucho la composición del suelo (ver muestra de suelo en la página 27). Así encontra-

Los rododendros lucen colores muy intensos.

SUGERENCIA

>> rápido
y fácil

Plantas de jardinera

Estas plantas de jardinera viven bien en semisombra:

➤ Las fucsias (híbridos de *Fuchsia*) pueden cultivarse como arbolitos y florecen de verano a otoño.

➤ La gaultería (*Gaultheria procumbens*) florece en verano y luce sus bayas rojas en otoño.

➤ El bambú japonés (*Pseudosasa japonica*) crece bien incluso en plena sombra.

> Existen muchas variedades de hostas, que viven estupendamente en arriates y jardineras.

mos plantas que necesitan suelos ricos en humus, como la baba de cabra, y otras que prefieren los suelos arenosos o incluso pedregosos. Para que las plantas no necesiten constantemente muchos cuidados es imprescindible satisfacer sus necesidades de luz, humedad y suelo.

Cuestión de calidad

A la hora de adquirir las plantas es muy importante fijarse en su calidad.

➤ Las plantas de buena calidad tienen un cepellón de raí-ces bien formado, pero sin que éstas lleguen a asomar por el orificio de drenaje de la maceta.

➤ Los árboles y arbustos han de tener tallos fuertes, y las matas tendrán brotes frescos.

➤ Los bulbos no deberán estar secos ni afectados por hongos.

➤ Las hojas y los tallos no presentarán manchas anormales ni estarán atacados por hongos o pulgones. Olvídese de esas plantas, tarde o temprano no harían más que ocasionarle problemas. ■

INFORMACIÓN PRÁCTICA

Plantas a prueba de caracoles

Las siguientes plantas no necesitan protecciones contra los caracoles:

✗ Aguileña

✗ Heléboro

✗ Aquimila

✗ Astilbe

✗ Corazones

✗ Entre las hostas encontramos algunas variedades que no suelen ser atacadas por los caracoles, como *Hosta fortunei* «Aureomarginata», *Hosta nigrescens* «Krosa Regal» o el híbrido *Hosta-Sieboldiana* «Zounds»

Ideas para el jardín sombrío

En las zonas de sombra pueden realizarse prácticamente todo tipo de combinaciones. Los juegos de luz incluso le darán un carácter especial.

Cuando ya sepa cuáles son las condiciones que imperan en su jardín y con qué tipos de sombras ha de contar, podrá dar el siguiente paso y empezar a elegir las plantas y materiales que más ilusión le hagan.

Plantas

➤ Los arriates de las zonas sombrías pueden tener cualquier forma imaginable. Las plantas más fáciles de cuidar son aquellas que no les gustan a los caracoles (ver página 11).

> En las zonas sombrías también se puede disfrutar de flores de muchos colores.

Para proteger las especies delicadas hay que rodear los arriates con vallas anticaracoles, formadas por una chapa especial. Como elementos decorativos también se pueden emplear raíces de formas curiosas o rocas.

➤ Los árboles y arbustos se pueden emplear como elementos destacados de los arriates, o bien formando grupos (ver página 18). Los rincones sombríos también son buenos lugares para hacer compost.

➤ Existen muchas plantas cuyas flores aportarán una nota de color (ver páginas 16 y 20). Y el que prefiera lo verde y fácil de cuidar también dispone de una amplia variedad (ver página 22).

Caminos y muros

Ambos elementos se integran bien en la sombra, pero los caminos es importante que estén iluminados y que su superficie sea antideslizante. Los muros pueden ser un complemento estupendo. Incluso los de piedra seca resultan muy decorativos, y en sus grietas y fisuras pueden arraigar plantas pequeñas, tales como el helecho *Woodsia ilvensis*.

Un jardín para la familia

➤ **Caseta de jardín:** En los lugares con sombra es muy importante emplear maderas resistentes, como robinia o roble, y darles una buena impregnación. A la sombra hay que esmerarse con la pintura y elegir colores claros que alegren el conjunto.

Para ahorrar

>>rápido y fácil

Asientos económicos

➤ Una roca plana puede hacer la función de banco.

➤ Las cajas de fruta cubiertas con una funda atractiva se convierten en bonitos taburetes.

➤ También podemos poner cojines sobre los muros bajos o sobre los peldaños de la terraza.

➤ A los niños les encanta sentarse sobre los tocones de los árboles.

➤ **Terraza y lugar de reposo:** Ambos suelen estar mejor ubicados a la sombra que a pleno sol. Incluso durante las calurosas horas de mediodía es posible encontrar un rincón fresco en el que se puedan tener plantas de jardinera que vivan bien a la sombra (ver sugerencia de la página 11). Las terrazas y los lugares muy transitados deberán tener un pavimento antideslizante, y los muebles de jardín tendrán que ser de materiales resistentes a la intemperie, como metal, plástico o madera para exteriores (por ejemplo, Robinia). Incluso se pueden disponer zonas originales para sentarse, como por ejemplo un banco circular alrededor de un árbol, o asientos de tipo económico (ver sugerencia de la página anterior).

➤ **Columpio o caseta en un árbol:** Para instalar estos juegos es imprescindible disponer de un árbol adecuado. También se puede acondicionar una zona de arena para que jueguen los niños. Los lugares a la sombra son ideales para ellos, ya que ahí están menos expuestos a la radiación solar.

Fuentes

Los arroyos, fuentes y surtido-

> *Las zonas sombrías del jardín suelen tener un encanto muy especial.*

res resultan siempre muy alegres y refrescantes. Además, si se eligen bien las plantas, se prestan mucho a una decoración romántica.

Los que no toleran bien la sombra

El césped no crece bien a la sombra, y generalmente se forman musgos. Hay que combatirlos con mucho esfuerzo o buscar alternativas más prácticas (ver información práctica en la página 23). En las zonas con sombra tampoco viven bien los rosales, las plantas anuales, las hortalizas, las hierbas y los frutales. ■

RECUERDE

Hay que planificar bien las cosas

✔ Dibuje un plano de su terreno, por lo menos a escala 1:100, e incluya en él también los puntos cardinales y los elementos que producen sombra.

✔ Cubra el plano con papel vegetal y dibuje sobre éste las plantas y demás elementos que le haría ilusión incluir.

✔ Busque las plantas y los materiales adecuados en los catálogos de jardinería y en las tablas de este libro (a partir de la página 48).

✔ Emplee varias hojas de papel vegetal para ir haciendo esquemas hasta dar con el proyecto que más atractivo le resulte.

Notas de color bordeando
árboles y arbustos

El límite de los árboles y arbustos será mucho más atractivo si está lleno de colorido. Los tonos amarillos y blancos ayudan a darle más luz.

¿Tiene en su jardín un conjunto de árboles y arbustos ante los cuales queda un frente de unos 10 m de largo por 4 m de ancho? Así le sacará el máximo provecho:

Las flores amarillas de *Hamamelis* y las rojas de los rododendros darán una nota de color y destacarán mucho ante el fondo oscuro de los árboles y arbustos. Junto con los helechos, formarán la estructura del plantel y deberán situarse al fondo del todo.

En el plano medio se pueden colocar las dos especies de acónito. Se plantan una junto a la otra y se suceden en la floración; el acónito florece a principios de verano, y luego le sigue el acónito de otoño, que florece a finales de verano –principios de otoño–. Se pueden combinar con las aguileñas y con las anémonas de otoño, que florecen hasta mediados de otoño. En primer plano se colocan plantas tapizantes, tales como epimedios, aspérulas olorosas y pulmonarias.

Las matas perennes de *Carex*, con sus largas hojas verdes con rayas amarillas, darán una nota agradable incluso durante los meses más fríos del año. Los tulipanes son ideales para dar la primera nota de color en primavera, y a partir de finales de primavera se les une la escila española. Es mejor plantar las flores de bulbo en la zona central para que, cuando sus hojas empiecen a marchitarse, queden ocultas por las matas.

Las luminosas flores de aspérulas olorosas quedan enmarcadas por las de *Veronica chamaedrys*.

Existen muchos híbridos de aguileña con flores de varios colores. Ésta es de la variedad «Crimson Star».

Césped

Valla de madera

Casa

asa

Lista de plantas

① Hamamelis (*Hamamelis* × *intermedia* «Primavera»): 1 pieza

② Rododendros (híbrido de *Rhododendron* «Junifreude»): 2 × 1 piezas

③ Acónito (*Aconitum napellus*): 3 × 1 piezas

④ Acónito de otoño (*A. carmichaelli* «Arendsii»): 3 × 1 piezas

⑤ Anémona de otoño (*Anemone hupehensis* «Praecox»): 3 × 3 piezas

⑥ Aguileña (*Aquilegia vulgaris*): 2 × 5 piezas

⑦ Epimedio (*Epimedium pinnatum* ssp. *colchicum*): 7 × 9 piezas

⑧ Aspérula olorosa (*Galium odoratum*): 9 × 9 piezas

⑨ Pulmonaria (*Pulmonaria angustifolia* «Azurea»): 7 × 9 piezas

⑩ Tulipán silvestre (*Tulipa greigii* «Plaisir»): 7 × 10 piezas

⑪ Escila española (*Hyacinthoides hispanica*): 5 × 10 piezas

⑫ *Carex morrowii* «Variegata»: 8 piezas

⑬ Helecho macho (*Dryopteris filix-mas*): 4 piezas

> Desde primavera hasta otoño, siempre florece algo ante los árboles y arbustos; desde las primeras flores de bulbo hasta las anémonas de otoño. Para conseguir que todas las plantas luzcan bien es necesario distribuirlas por alturas.

Colores y formas

La sombra nunca es incolora. Los colores y las formas incluso lucen más con el juego de luces y sombras.

Y por esto es tan importante estudiar el efecto de los colores en los lugares sombríos antes de empezar a plantar. Además, el entorno desempeña aquí un papel muy importante. ¿Se trata de una zona de sombra dominada por árboles de hoja caduca, o lo que hay son coníferas y otros árboles o arbustos de hoja perenne? ¿Los edificios y muros están construidos con materiales claros o son más bien oscuros? Todo esto influirá mucho a la hora de elegir los colores para sus arriates. Para esto puede ser de ayuda la **rueda de colores:**

➤ En ella, los **colores primarios**, rojo, azul y amarillo, forman un triángulo equilátero.

➤ A 90 grados se encuentran los **colores secundarios,** que están formados por dos colores primarios. Éstos son el naranja (rojo y amarillo), el verde (amarillo y azul) y el violeta (azul y rojo).

➤ Los **colores complementarios** están opuestos en la rueda y son los que crean los contrastes más fuertes, como por ejemplo rojo y verde, naranja y azul o verde y violeta.

➤ Con los colores también relacionamos las **temperaturas de color:** amarillo, naranja y rojo son colores cálidos, mientras que el azul y el verde son colores fríos.

Decorar con colores

➤ **Colores complementarios:** dan mucha vida a las zonas sombrías. Tenga en cuenta que la mayoría de las hojas son de color verde dominante (ver página 22). Pero también hay plantas con hojas rojas o rojizas, como los coralitos.

➤ **Sucesiones cromáticas:** están formadas por tonos contiguos de la rueda de colores, como violeta y azul o amarillo y naranja. Proporcionan armonía y dan una sensación de amplitud espacial.

➤ **Combinaciones de tres colores:** las más agradables son a partir de azul, amarillo y rojo,

> Las delicadas flores de las astilbes suelen tener colores muy vivos.

> *Se pueden obtener contrastes agradables combinando diferentes formas y texturas.*

➤ Colores cálidos y colores fríos: los colores cálidos, como el rojo, han de ir en primer término y hacen que las plantas parezcan estar más cerca, por lo que han de emplearse con moderación. Los colores fríos, como el azul, producen el efecto contrario y pueden hacer que un jardín pequeño parezca más grande.

Formas y texturas

Flores: las hay muy variadas y aportan diversidad al jardín. Puede combinar inflorescencias alargadas con grandes umbrelas (como las de la dedalera y las del viburno) y complementar el conjunto con plantas de flores pequeñas y sutiles. También se puede trabajar mucho con el tamaño de las flores: las pequeñas dan sensación de profundidad y espacio, mientras que las grandes parecen estar más cerca y aportan también más colorido.

Al elegir las plantas tenga en cuenta que vale la pena hacerlo de modo que desde primavera hasta otoño haya siempre alguna en flor (ver descripciones y tablas a partir de la página 40).

También se pueden realizar combinaciones muy atractivas con **hojas** de distintas formas,

tamaños y texturas, así como con diferentes coloraciones otoñales, como por ejemplo contrastar las hojas de las hostas con las de las herbáceas y los helechos. Lo mismo puede decirse de sus superficies: las hojas brillantes destellan en la penumbra (ver recuadro), las mates y pilosas proporcionan un suave contraste, y las de nervaduras muy marcadas proporcionan bonitos juegos de luces y sombras, incluso con una iluminación muy lateral o difusa. ■

así como violeta, naranja y el verde de las hojas.

➤ Combinaciones multicolores: pueden colocarse ante un fondo oscuro y monocromático sin que produzcan un efecto excesivamente llamativo.

➤ Tonos pastel: se obtienen mezclando con el «no-color» blanco. Es precisamente en la penumbra cuando más destacan el amarillo claro, el azul celeste, el rosa pálido y el lila suave.

➤ Monocromía: los planteles con flores de un solo color, sean azules o blancas, lucen mucho en la sombra y no resultan en absoluto aburridos.

Hojas brillantes

Estas plantas llaman la atención por el brillo de sus hojas:

Leñosas:

✗ Boj

✗ Hiedra

✗ Siempreviva

✗ Laurel cerezo

✗ Paquisandra

Matas:

✗ Aro

✗ Hosta

Herbáceas y helechos:

✗ Carex

✗ Lengua de ciervo

Forma y altura

Los arriates bien organizados juegan con las diferentes formas y tamaños de las plantas. Conseguir estas combinaciones tampoco es algo tan difícil. Si usted pasea por el jardín con los ojos bien abiertos, podrá apreciar las diferencias que existen entre las plantas.

> *Las hermosas rodgersias pueden alcanzar casi la altura de una persona.*

Combinar plantas

Las aplicaciones de las plantas dependen en gran parte de su forma y tamaño.

➤ **Solitarias:** son ejemplares grandes y soberbios que alcanzan un gran porte y necesitan mucho espacio a su alrededor. Pueden ser árboles, arbustos o incluso matas grandes. Lucen su máximo esplendor cuando están solas.

➤ **Principales:** son las plantas que imprimen carácter al conjunto. Elija especies altas, con crecimiento denso o con abundancia de flores. Se colocan en pequeños grupos situados al fondo o en el centro. Para este protagonismo se pueden emplear plantas vivaces como cimicífuga o acónitos; en los arriates grandes también se pueden colocar arbustos como las hortensias o fotergila.

➤ **De acompañamiento:** resaltan el carácter de las principales y se colocan en grupos numerosos situados en el plano medio, como por ejemplo hostas o astrantias. Procure elegir plantas de acompañamiento que florezcan a la vez que las principales.

➤ **De relleno:** ocupan los espacios vacíos del arriate y lo llenan hasta el borde. Aquí es mejor emplear especies tapizantes y de crecimiento denso, como por ejemplo la alquimila, la waldsteinia, los geranios y los epimedios.

➤ **Flores de bulbo:** distribúyalas por el arriate a su gusto.

➤ Si el arriate está junto a un muro o frente a la fachada de la casa, también se pueden añadir algunas plantas trepadoras.

Para estructurar

No todas las plantas conservan su buen aspecto a lo largo del año.

➤ **Los árboles y arbustos,** al contrario que las matas y las flores de bulbo, mantienen su presencia durante el invierno (ver recuadro).

➤ **Las plantas de hoja perenne,** entre las que se cuentan coníferas –como el tejo y la tuya– y plantas –tales como el boj y el acebo japonés *(Ilex crenata)*–, conservan su manto verde durante el invierno y entonces dominan el jardín.

➤ También lo enriquecen mucho las plantas vivaces, tales

SUGERENCIA

> Combinando plantas de diversas formas y alturas se consiguen macizos muy variados.

Combinaciones ideales

Así conseguirá que su arriate de la zona de sombra llame la atención:

➤ Plante las plantas principales, como por ejemplo *Astilbe chinensis* var. *taquetii*, a razón de no más de dos ejemplares por metro cuadrado.

➤ De las plantas de acompañamiento, como por ejemplo primaveras, puede colocar hasta veinte ejemplares por metro cuadrado.

➤ De las plantas tapizantes, como Pachysandra, es suficiente con colocar diez por metro cuadrado.

INFORMACIÓN PRÁCTICA

como la juncia y lúzula de bosque.

Diversidad de formas

Los arriates ganan diversidad si se mezclan plantas de distintas formas:

➤ Las hay que crecen esbeltas y erectas, como la dedalera, las campanillas y el helecho hembra.

➤ Con ramas de hojas col-gantes como las hostas, hako-necloa o poligonato; o con la densidad de rodgersia o barba de cabra.

➤ La alquimila, hierba cente-lla, y cárex crecen de forma tapizante o en forma redon-deada.

➤ La siempreviva y la pulmo-naria se desarrollan a ras de suelo y cubren buenas exten-siones. ■

Magia invernal

Estas plantas leñosas harán que en invierno siga habiendo algo que ver:

✗ El cornejo de corteza roja pondrá una nota de color.

✗ *Euonymus alatus* tiene una corteza muy atractiva y con franjas anchas.

✗ El acebo tiene frutos de color rojo brillante y es una planta de hoja perenne.

✗ Las ramas sin hojas del avellano ornamental (*Corylus avellana* «Contorta») tienen formas caprichosas y atractivas.

Un jardín sombrío pero multicolor

Las zonas sombrías toleran muy bien la abundancia de colores. Aquí no hay que cohibirse y se puede emplear a fondo toda la diversidad cromática que nos ofrece la naturaleza.

No se preocupe por el hecho de que los rosales no puedan vivir a la sombra. Existen más que suficientes plantas para

> *Las hortensias producen flores muy grandes y de colores muy vivos.*

cubrir ese vacío, algunas de ellas incluso con flores de gran tamaño. Las astilbes son unas de las joyas del jardín sombrío, y las hay con colores muy intensos. Con ellas combinan muy bien las cimicífugas, es-

pecialmente apreciadas para arriates con sombra. Existen rododendros incluso en tonalidades de amarillo y naranja muy vivos. Pero las flores de mayor tamaño son sin lugar a dudas las de las hortensias. Pueden estar solitarias a la sombra de los muros pero también en grupos, incluso frente a los rododendros. Además, se las puede plantar en grandes macetas para decorar la terraza o la entrada de la casa. También existen clemátides con flores de gran tamaño y con las que se pueden decorar las paredes con sombra y otras construcciones por las que puedan trepar.

Pequeñas, pero importantes

Muchas especies no producen flores tan grandes, pero producen un efecto cromático muy notable al estar en grupos, como sucede con los geranios. Las variedades de tonos brillantes se pueden combinar bien con herbáceas, helechos y hostas. Unas de las pocas plantas de sombra con flores de tonos azulados son el nomeolvides del Cáucaso y las

campanillas. Lucen muy bien si se las combina con ligularias o waldsteinias amarillas.

Hojas ornamentales y multicolores

Durante el período vegetativo, algunas especies se cubren de hojas cuyo hermoso colorido realza aún más el jardín. Entre ellas se cuentan los arbustos y árboles de hojas rojas, como el arce (*Acer palmatum* «Atropurpureum»). Entre las matas destacan las hojas de color ro-

---

SUGERENCIA

>> rápido y fácil

Destellos de luz y de color en la oscuridad

➤ Elementos decorativos de cerámica de colores.

➤ Objetos brillantes colgados o móviles a partir de vidrios de colores o espejos.

➤ Molinillos y otros accesorios que se muevan con el viento.

➤ Móviles y colgantes que emitan sonidos agradables.

jo negruzco del coralito (*Heuchera micrantha* «Plum Pudding»), que combina bien con el color verde de los helechos y las herbáceas. También se pueden alegrar y aclarar mucho las sombras con plantas cuyas hojas tengan el borde amarillo o blanco, o que tengan manchas de estos colores, como es el caso de algunas variedades de hosta (*Hosta fortunei* «Patriot») o *Carex morrowii* «Variegata». Así también conseguirá una bonita transición hacia el «jardín sombrío y verde» (ver página 22).

> Las flores blancas, como éstas de ajo de oso, iluminan las sombras y destacan mucho en la penumbra.

Flores a lo largo del año

¿Le gustaría que en su jardín hubiese flores durante casi todo el año? Es fácil conseguirlo si se eligen bien las plantas.

➤ Las flores amarillas de *Hamamelis* empiezan a abrirse a mediados de invierno, a finales de invierno le siguen las erantis y las campanillas de las nieves, y a principio de primavera se abren la escila azul y los narcisos, así como las matas tempranas.

➤ A partir de mediados de primavera se abren las waldsteinias, y a finales de primavera lo hacen la mayoría de rododendros, azaleas, madreselvas y geranios.

➤ El verano es la temporada de las astilbes, las hortensias, los acónitos, las dedaleras, las ligularias y las cimicífugas.

➤ A partir de finales de verano empiezan a florecer las anémonas de otoño.

➤ La temporada se acaba con *Helleborus*.

➤ Las flores de color blanco ayudan a aclarar las sombras en cualquier época del año, como por ejemplo las de la astilbe «Brautschleier» o las de las cimicífugas.

Un intenso colorido otoñal

Cuando la abundancia de flores empieza a llegar a su fin, las primeras noches frías hacen que algunas especies empiecen a adquirir su coloración otoñal, como el amarillo intenso del helecho real o el color cobrizo de muchas variedades de geranios. Muchos árboles caducifolios despiden a sus hojas con una orgía de colores, como es el caso de *Amelanchier lamarckii*, de la viña silvestre y de fotergila. ■

RECUERDE

Para atenuar las sombras

Así se consigue que una sombra profunda pase a semisombra:

✔ A veces se puede eliminar algún arbusto de un grupo muy denso;

✔ o sustituir una espesa conífera por un arbusto más despejado;

✔ o aclarar un poco los arbustos, eliminando los tallos más viejos;

✔ o podar algunas ramas grandes de los árboles más viejos, conservando una copa equilibrada.

Tonos verdes en el jardín con sombra

El color verde es el protagonista del jardín con sombra. En él todas sus tonalidades lucen mucho más densas e intensas que a pleno sol.

Las zonas sombrías del jardín pueden decorarse con mucha variación, incluso sin necesidad de flores, sobre la base de una amplia gama de verdes que sólo muestran toda su riqueza cuando están a la sombra.

Matas hermosas incluso sin flores

Cuanto menor sea la gama de colores, más deberá jugar con texturas, formas y hojas diferentes (ver páginas 16 a 19). El trío clásico para las zonas sombrías está formado por herbáceas, helechos y hostas. Las hojas de las hostas son las que poseen mayor diversidad de formas y colores. Incluso con ellas solas ya se podría crear un arriate lo bastante diverso, a condición de elegir variedades con diferentes alturas, formas y tonos de verde.

Con sus grandes hojas nervadas, la rodgersia resulta espectacular. También son muy adecuadas el poligonato, cuyas hojas elípticas cuelgan graciosamente arqueadas.

Leñosas de hoja perenne

Entre las leñosas que conservan sus hojas a lo largo de todo el año tenemos el boj, el tejo, el aligustre, el acebo y el laurel cerezo. Las primeras tres especies se pueden podar muy bien, para darles forma, y permiten crear esferas o pirá-

> *Las hojas de colores vivos pueden resultar tan atractivas como las flores.*

mides que añadan puntos de interés al jardín. Todas ellas crean un fondo oscuro ante el cual destacan especialmente las hojas de tonos verde amarillento o verde blanquecino.

Sinfonía verde

Los diferentes tonos de verde también se pueden emplear independientemente de formas y estructuras:

➤ **Verde blanquecino y grisáceo:** son tonos que transmiten nobleza. Combine, por ejemplo, las hojas con dibujo blanco de la hosta *Hosta undulata* «Undulata» con las hojas a franjas blancas de *Carex side-*

> *La diversidad de formas, alturas y tonos de verde dan mucha vida al jardín.*

rosticha «Variegata», así como con una hosta verde grisácea, como el híbrido *Hosta-Tardiflora* «Halcyon».

➤ **Verde amarillento y verde azulado:** proporcionan combinaciones muy agradables. Las hojas colgantes y a rayas amarillas de *Hakonechloa macra* «Aureola» combinan bien con una hosta amarilla de borde verde (*Hosta fortunei* «Gold Standard») y una hosta verde y azul, como el híbrido *Hosta-Sieboldiana* «Big Mama».

➤ **Verde azulado:** empleado con moderación ayuda a dar vida al conjunto. De este tono son las bonitas hojas de raiz de serpiente «Chocolate», que también se puede incorporar como planta principal. La astilbe de hojas marrones (híbrido *Astilbe Simplicifolia* «Sprite») es de tamaño medio y resulta útil como planta de acompañamiento, mientras que *Saxifraga cortusifolia var. fortunei* puede formar un borde marrón para el arriate.

➤ Además, para dar más notas de color existen también plantas con hojas rojas, como el coralito (ver página 21).

Césped a la sombra
Es recomendable elegir mezclas especiales que contengan una variedad de hierba muy resistente a la penumbra, como por ejemplo *Poa supina*. Pero a la sombra siempre pueden surgir problemas con los musgos. Para ello, el único remedio consiste en trabajar el césped cada año, y añadirle abono y recebo. A veces resulta más sencillo sustituir el césped por plantas tapizantes (ver recuadro). ■

> *Aquí destacan las hojas amarillas y rojizas, así como los arbustos podados en forma esférica.*

Sustitutos del césped
En los lugares en los que crece mal el césped suelen prosperar bien las plantas tapizantes, como por ejemplo:

✗ **A la sombra:** hiedra, paquisandra y siempreviva, todas ellas de hoja perenne.

✗ **En semisombra:** epimedio (*Epimedium × perralchicum pinnatum* ssp. *colchicum*) y waldsteinia tapizante, ambas de hoja perenne; también se pueden emplear matas de verano, tales como búgula y pulmonaria.

Púrpura y blanco plateado para
la terraza

Las hojas pueden lucir unos colores tan atractivos como los de las flores, y la terraza es un lugar idóneo para aprovecharlas como elementos ornamentales.

Las plantas están calculadas para el arriate superior con una superficie de 4 × 2,5 m. Para el arriate situado a lo largo del seto se puede emplear la misma combinación, y el resultado resultará aún más agradable si el pavimento y los muebles de la terraza son de colores claros.

A mediados de primavera, los tulipanes inauguran la secuencia de flores de dos colores. Repártalos en grupos mixtos a razón de cinco unidades por arriate. Pero para disimular mejor sus hojas cuando se marchiten es preferible no ubicarlos en primer plano.

La estructura del arriate corre a cargo de las hortensias, junto con el contraste cromático de las cimicífugas y las astilbes. Coloque estas plantas principales en el centro del arriate. En cuanto a la astrantia, es recomendable colocarlas a pares como plantas de acompañamiento, junto a las principales. Sitúe las hostas hacia el borde del arriate. El helecho añadirá una nota de contraste al conjunto.

Las flores del epimedio y los dos geranios darán colorido al borde del arriate, mientras que el geranio de los Balcanes lo adornará en otoño con sus hojas de color rojo púrpura.

También añadirán carácter las hojas alargadas y perennes de *Carex siderosticha* «Variegata», que al brotar incluso tienen tonalidades rosáceas.

Las clemátides pueden arraigar entre los geranios para luego ir trepando progresivamente por toda la pérgola.

En la época en que no hay flores, todo el esplendor se debe a las hojas de las hostas y a los helechos y las herbáceas que las rodean.

Muro

Terraza

Boj

Seto

> Una terraza enmarcada en tonalidades de rosa, púrpura y violeta. Las flores blancas y las hojas a franjas blancas ayudan a dar luz al conjunto. El azul de las hostas añade una nota de color y variedad.

Lista de plantas

① Hortensia (híbrido de *Hydrangea* «Preziosa»): 1 unidad

② Cimicífuga *(Cimicifuga racemosa)*: 2 × 1 unidades

③ *Astilbe-Arendsii*: 3 × 1 unidades

④ *Astrantia major*: 2 × 1 unidades

⑤ *Astrantia major* «Ruby Wedding»: 2 × 1 unidades

⑥ Hosta (híbrido de *Hosta-Tardiflora* «Halcyon»): 2 × 1 unidades

⑦ Hosta (híbrido de *Hosta* «Red October»): 3 × 1 unidades

⑧ Polístico *(Polystichum setiferum)*: 1 ejemplar

⑨ Geranio *(Geranium sylvaticum* «Album»): 3 × 3 unidades

⑩ Geranio de los Balcanes (*G. macrorrhizum* «Czakor»): 4 × 3 unidades

⑪ Epimedio *(Epimedium × rubrum)*: 4 × 3 unidades

⑫ Cárex *Carex siderosticha* «Variegata»: 3 × 3 unidades

⑬ Tulipanes de las variedades «Pax» y «Negrita»: 20 unidades de cada una

⑭ Clemátide *(Clematis* sp.): 2 × 1 unidades

25

Preparación del suelo

¿Va a crear su jardín desde el principio? Entonces tendrá que acondicionarlo para que las plantas crezcan bien desde el primer momento.

La luz solar es muy importante para las plantas, pero dado que sólo van a tenerla en cantidades muy limitadas es de vital importancia que los demás elementos –suelo, agua y nutrientes– estén en las mejores circunstancias posibles. Por lo tanto, antes de comprar plantas tendrá que analizar las condiciones del suelo y mejorarlas en caso de que sea necesario (fotografía 1).

Un poco de edafología

➤ **La prueba del dedo:** tome un puñado de tierra y fíjese en el color. Si es oscuro, tiene un suelo rico en humus, si es claro puede ser arenoso, limoso o arcilloso. Para comprobar su naturaleza, presione la muestra de tierra entre las palmas de sus manos. Si no se puede moldear, lo que usted tiene es un suelo ligero y arenoso. Si se forman grumos que luego se vuelven a disgregar fácilmente, el suelo es limoso y semipesado. Si la tierra permite darle forma es que se trata de un suelo arcilloso y pesado. Pero en la mayoría de los casos, los suelos tienen una composición mixta. Lo ideal sería que tuviese partículas finas y gruesas, que formase pequeños grumos y que desprendiese un agradable aroma a tierra.

➤ **Plantas indicadoras:** algunas plantas nos pueden dar una idea acerca de las condiciones del suelo. Si las ortigas

1 Mejorar la estructura

En los suelos pesados y arcillosos se puede mejorar mucho la estructura sobre la base de añadir unas cuantas paladas de arena o gravilla fina.

2 Cavar el suelo

Cave el suelo hasta la profundidad de la pala, con cuidado de no dañar las raíces de los árboles y arbustos que desee conservar.

3 Eliminar las malas hierbas

Elimine todas las malas hierbas arrancándolas de raíz. Retire también las piedras y los restos de plantas muertas.

> *Algunas plantas sólo prosperan en suelos húmedos.*

crecen bien, es señal de que el suelo es rico en nitrógeno, pero si es pobre en nitrógeno prosperarán los equisetos. La consuelda crece en suelos pesados y húmedos, mientras que el trébol silvestre lo hace en suelos secos y arenosos.

➤ Pero lo mejor es realizar un **análisis del suelo.** Puede tomar una muestra usted mismo (ver recuadro) y llevarla a un laboratorio; en su centro de jardinería le asesorarán al respecto. Al recibir los resultados del análisis sabrá cuál es el tipo de suelo, su grado de acidez (pH), así como sus contenidos en potasio y fósforo. Estos datos le permitirán elegir el fertilizante más adecuado.

➤ El **grado de acidez** del suelo, el pH, lo puede medir usted mismo con unos indicadores que venden en tiendas especializadas y que son muy fáciles de usar.

Mullir y limpiar

Para mullir un suelo pesado es necesario emplear una laya, mientras que para los medios y ligeros bastará con un rastrillo. Antes de plantar hay que eliminar todas las malas hierbas, arrancándolas de raíz siempre que sea posible. Al mismo tiempo se retirarán también las piedras y las raíces muertas. Vaya con cuidado de no dañar las raíces vivas de árboles y arbustos. Entre éstos es mejor trabajar con un azadón, para mullir el suelo y a la vez eliminar las malas hierbas. Si hay ramas que le dificulten el trabajo, átelas hacia arriba con una cuerda hasta que termine.

Mejorar el suelo

Si el suelo de su jardín no es el más adecuado para las plantas que quiere plantar en él, tendrá que mejorarlo:

➤ Los suelos ligeros y arenosos retienen mal el agua y los nutrientes, añádale compost para mejorar sus propiedades.

➤ Los suelos pesados y limosos tienden a retener demasiada agua, por lo que conviene mezclarlos con arena o gravilla fina para aligerarlos.

➤ En los suelos demasiado húmedos se puede colocar una capa de drenaje, para lo cual se cava una zanja de unos 40 cm de profundidad y se llena hasta la mitad con gravilla que luego se recubre de nuevo con tierra.

➤ Los suelos demasiado ácidos se corrigen con caliza; hay que seguir las instrucciones del envase.

➤ Si desea plantar azaleas en un suelo alcalino, llene un hoyo con tierra para azaleas. Esto hará que el pH disminuya. ◼

Cómo plantar correctamente

Las plantas arraigarán mucho mejor si se las planta en el momento adecuado y se emplea la técnica apropiada. Antes de disfrutar de la belleza de las flores y las hojas, se impone algo de trabajo. Pero el esfuerzo será menor si se sabe lo que hay que hacer y se emplean las herramientas adecuadas.

Plantar en la época correcta

Las mejores épocas para plantar árboles, arbustos y matas

> Plantar los bulbos de las flores resulta mucho más sencillo si se emplea un plantador especial para esta finalidad.

son la primavera y, sobre todo, el otoño, cuando el período vegetativo aún no se ha iniciado o está finalizando ya, y la temperatura y la humedad alcanzan unos valores ideales, es decir, no hay riesgo de heladas. Los días más propicios para plantar son aquéllos en que el cielo está cubierto o cae un poco de lluvia, no conviene hacerlo con calor y a pleno sol. Las herbáceas y los helechos toleran mucho mejor que se los plante en primavera. Los bulbos de las plantas que florecen en primavera, como los crocus, hay que plantarlos en otoño, mientras que los que florecen en otoño se plantan en primavera.

¿A qué profundidad?

Las matas y las plantas leñosas hay que plantarlas a la misma profundidad a la que estaban en la maceta o en el vivero. Los bulbos y tubérculos se plantan a una profundidad igual a dos o tres veces su propia altura. Si compra los bulbos en una tienda especializada, se los entregarán con instrucciones precisas sobre cómo ha de plantarlos.

Separación entre plantas

Si las plantas están demasiado juntas no tardarán en inhibirse el desarrollo mutuamente. En principio, a las matas, los arbustos y los árboles hay que plantarlos separados a una distancia mínima igual a 1,5 veces la amplitud máxima de la planta adulta. Para las plantas de bulbo y de rizoma se suele emplear como medida la mitad o el total de la altura de

1 Preparación

Cave un hoyo del tamaño adecuado para el cepellón. Si es necesario, añada compost y arena.

2 Colocación del arbusto

Una vez remojado el arbusto, introdúzcalo en el hoyo, de modo que la parte superior del cepellón coincida con el nivel del suelo. Acabe de rellenar con tierra.

3 Riego

Apisone con el pie la tierra alrededor del cepellón. Luego riéguelo en abundancia.

la planta adulta. En las etiquetas también encontrará datos sobre la separación adecuada entre las plantas. Respete estas distancias aunque al principio la superficie recién plantada pueda parecerle un poco vacía. Por lo general, los espacios libres acaban llenándose en el transcurso de un período vegetativo, es decir, después de brotar con fuerza por primera vez.

Proceder con cuidado

➤ Remoje bien las plantas antes de plantarlas: coloque el cepellón en un cubo o barreño con agua y déjelo en remojo hasta que ya no salgan más burbujas; las plantas con las raíces desnudas necesitan unas dos horas.

➤ Para no dañar a las plantas recién plantadas, plante los arriates desde el centro hacia el exterior, y los parterres desde detrás hacia delante.

➤ Apisone bien alrededor de las plantas recién plantadas.

➤ Riegue en abundancia después de plantar para que se moje la tierra entre las raíces. Siga regando con frecuencia durante los primeros tiempos.

➤ Asegúrese de que las plantas que coloque cerca de los árboles resistan bien la caída de las hojas y la presión de las raíces (ver sugerencia), como por ejemplo *Asarum europaeum*, las hierbas o los helechos. ■

Variedad de estructuras en el
jardín de la entrada

El jardín de la entrada es algo así como la tarjeta de visita de una casa, un motivo más para distribuirlo de forma que quede bonito y sea fácil de cuidar.

En el jardín de la entrada suele haber espacio para un arriate más. El de este ejemplo mide unos 15 m² y está rodeado por una zona pavimentada. Una pequeña fuente ayuda a mantener una humedad ambiental más elevada. Si queda espacio para un segundo arriate, puede emplear las mismas plantas. El que aquí mostramos es más alto por los lados que dan al vecino y a la calle.

Aquí el carácter lo marcan los agracejos, mientras que el euónimo tapizante recorre sus bases. Pero también puede trepar y cubrir de verde el porche para el coche.

La *Molinia*, erecta y de hoja perenne, imprime carácter como planta principal gracias a su forma y a su bonito color amarillo en otoño. Contrasta muy bien con las grandes hojas de otras matas, tales como la bergenia o la alquimila, que se emplean en grandes grupos como plantas de acompañamiento. Para cubrir los espacios vacíos del suelo se emplean geranios y las dos especies de vinca. Junto a las zonas de paso se colocan zonas con herbáceas pequeñas, *Saxifraga arendsii* y *Saxifraga*, esta última también rodea la fuente.

Los narcisos amarillos y las escilas azules inauguran la temporada a principio de primavera y se plantan en grupos de a diez. En otoño florecen los euónimos y las hortensias de invierno en un estallido de rojos y amarillos.

La vincapervinca es una planta robusta que tapiza el suelo con bonitas florecillas. Soporta incluso que la pisen de manera ocasional.

Las flores de *Saxifraga* × *urbium* «Elliott» son diminutas y delicadas. Sus rosetas de hojas son perennes.

Vecino

Calle

Entrada

Fuente

> Hermoso jardín delantero en tonalidades de azul, amarillo, rosa y rojo. Las numersas plantas de hoja perenne hacen que conserve su atractivo en invierno. Una fuente añade humedad durante el verano.

Lista de plantas

① Agracejo (*Berberis candidula*): 2 unidades.
② Euónimo perenne tapizante (*Euonymus fortunei* «Emerald Gaiety»): 2 3 1 unidades
③ Molinia (*Molinia arundinacea* «Dauerstrahl»: 7 unidades
④ Hortensia de invierno Híbrido de *Bergenia* «Bizet»: 2 3 2 unidades
⑤ Alquimila (*Alchemilla mollis*): 3×2 unidades
⑥ Vicapervinca *Vinca major* «Variegata»: 10 unidades
⑦ Geranio de los Balcanes (*Geranium marcorrhizum* «Ingwersen»): 4×5 unidades
⑧ Hierba doncella *Vinca minor* «Gertrude Jekyll»: 4×5 unidades
⑨ Saxífraga *Saxifraga × urbium* «Elliot»:4×5 unidades.
⑩ Híbrido de *Saxifraga-Arendsi*i «Pixie»: 4×7 unidades
⑪ Hakonecloa *Hakonechloa macra* «Aureola»: 5×3 unidades
⑫ Festuca *Festuca gautieri*: 3×5 unidades
⑬ Narciso *Narcissus triandrus* «Liberty Bells»: 60 ejemplares
⑭ Escila azul *Scilla siberica*: 60 unidades

Los cuidados adecuados

Las plantas de los lugares sombríos también necesitan de vez en cuando agua, abono con importantes nutrientes, y una capa blanda de acolchado.

La sombra conserva bien la humedad, pero en tiempo seco también hay que regar de vez en cuando. ¡En las zonas de sombra seca a veces hay que hacerlo aunque llueva!

Regar correctamente

Para los jardines sombríos muy pequeños basta con una regadera, pero a partir de los 100 m² ya es necesario disponer de una manguera.

➤ Riegue por la mañana o a última hora de la tarde pero no a mediodía, ya que entonces gran parte del agua se evapora de inmediato.

➤ Oriente el chorro de agua directamente hacia la base de la planta para que llegue bien hasta las raíces.

Abonar con moderación

Para que las plantas puedan desarrollarse necesitan una serie de sustancias vitales. En primer lugar están los nutrientes principales, de los que precisan grandes cantidades. Entre ellos se encuentran el nitrógeno (N), el fósforo (P) y el potasio (K). También necesitan pequeñas cantidades de oligoelementos, tales como magnesio (Mg), calcio (Ca), azufre (S), hierro (Fe), manganeso (Mn) y cinc (Zn). Puede elegir entre diferentes tipos de fertilizantes, pero siempre deberá atenerse a las dosificaciones que se indican en el envase.

➤ **Abonos minerales:** contienen nutrientes en forma de sales minerales hidrosolubles que son absorbidos con rapidez por las plantas. Resulta ideal realizar un abonado de arranque en primavera con un fertilizante NPK después de la plantación. Sin embargo, las dosis excesivas pueden resultar perjudiciales para el suelo y las plantas.

➤ **Abonos orgánicos:** están formados por sustancias de origen animal y vegetal. Hay que mezclarlos primero con el suelo y su efecto es más lento pero también más duradero.

➤ **Abonos orgánico-minerales:** son productos de origen

> El acolchado de corteza triturada hay que esparcirlo entre las plantas, formando una capa uniforme de varios centímetros de espesor.

> *Para regar superficies amplias es mejor emplear un aspersor. Éste produce también bonitos juegos de luces y sombras.*

Cuidados durante el primer año

Hasta que las plantas hayan arraigado es necesario regarlas con frecuencia. Elimine de forma periódica las malas hierbas y ablande el suelo. Durante el primer año también es posible que se mueran algunas plantas, plante otras para rellenar los espacios vacíos. Si emplea acolchado, renuévelo cuando haga falta (ver a la izquierda). ■

orgánico enriquecidos con minerales. Combinan un efecto a corto y largo plazo.

➤ **Abonos especiales:** son aquéllos formulados específicamente para determinados grupos de plantas, como por ejemplo para las azaleas.

➤ Si prepara su propio **compost**, empléelo preferiblemente en primavera y al plantar las plantas. Así tendrán un buen aporte durante bastante tiempo –principalmente durante la fase vegetativa– y no habrá peligro de abonar en exceso.

Si se dan estados carenciales agudos –por ejemplo, hojas amarillas debido a la falta de nitrógeno– se pueden corregir con rapidez mediante abonos líquidos.

¿Acolchado o no?

Si se cubre el suelo con una capa de acolchado, se impide la proliferación de malas hierbas, disminuye la evaporación de agua y la tierra se mantiene esponjosa. Por lo tanto, el acolchado reduce el trabajo de regar, eliminar malas hierbas y mullir el suelo. La capa de acolchado deberá tener unos 5 cm de espesor, y es preferible esparcirla inmediatamente después de plantar y renovarla en cuanto se descomponga. Para ello se pueden emplear los materiales más diversos, como césped cortado, hojas trituradas, compost, paja o corteza triturada; en principio sirven todos los restos de vegetales sanos. Si en otoño no se retiran las hojas que caen de los árboles, éstas actuarán como capa de acolchado y protegerán del frío a muchas plantas de bosque.

RECUERDE

Cómo abonar

✔ Examine bien el suelo o tome una muestra y llévela a analizar (ver páginas 26 y 27).

✔ Las matas y las flores de bulbo hay que abonarlas tanto al plantarlas como en primavera y otoño.

✔ Los árboles y arbustos hay que abonarlos con compuestos nitrogenados como mucho hasta mediados de verano, ya que sino los brotes no llegan a madurar y son sensibles a las heladas.

✔ El compost y los abonos sólidos siempre hay que aplicarlos sobre el suelo.

✔ Los abonos minerales hidrosolubles son de efectos especialmente rápidos si se mezclan con el agua de riego y se vierten directamente sobre las raíces.

La poda mantiene las plantas en forma

A las plantas les sienta muy bien, y si se las poda correctamente es posible rejuvenecerlas y embellecerlas mucho.

La poda estimula la salud y la capacidad de florecer de las plantas. Además, se les puede dar la forma deseada. Las partes sanas se emplearán para hacer compost, pero las enfermas deberán ir a la basura o quemarse.

Tipos de poda

Empiece por informarse sobre si sus plantas necesitan ser podadas o no. Algunos arbustos, como el cornejo de flor *(Cornus kousa)*, solamente desarrollan su hermosa forma natural si no se los poda. Pero la mayoría de las especies se desarrollan mejor al ser podadas.

➤ **Poda de aligeramiento:** algunas matas de sombra, como la alquimila, hay que podarlas después de la floración. Así se consigue que vuelvan a florecer a finales de verano.

➤ **Poda de aclaramiento:** a los arbustos demasiado densos conviene aclararlos, cortando las ramas viejas por su base.

➤ **Poda de rejuvenecimiento:** a los arbustos muy viejos hay que podarlos, cortando los tallos viejos por la base y acortando los demás a 30 ó 50 cm. Así vuelven a producir muchos tallos nuevos.

➤ **Poda de setos:** a los setos conviene darles siempre una forma ligeramente cónica pa-

1 Aclarado de arbustos

Elimine los tallos viejos desde su base, o sea, por completo, o córtelos hasta llegar a una ramificación joven y fuerte.

2 Poda de setos

Los setos hay que podarlos dándoles una forma algo cónica para que no se despueblen por la parte inferior. Si es necesario, marque las aristas con un cordel.

3 Eliminar partes marchitas

Corte las partes que ya hayan florecido para evitar la producción de semillas. Así sus matas y arbustos florecerán más y durante más tiempo.

Para podar dando la forma de una pirámide perfecta es imprescindible emplear una plantilla.

ra que sus partes inferiores puedan recibir suficiente luz. Para conseguir superficies planas se pueden delimitar con varillas y un cordel.

➤ **Poda artística:** el boj y el aligustre se pueden podar formando esferas, conos o incluso figuras.

El momento adecuado

➤ **Plantas vivaces:** se marchitan en otoño. Elimine las partes aéreas muertas de inmediato o en primavera. En verano, después de la floración, hay que someterlas a una poda de aligeramiento.

➤ **Gramíneas y herbáceas:** se conservan durante el in-

vierno y hay que podarlas en primavera.

➤ **Flores de bulbo:** no hay que podarlas. Elimine las semillas y las hojas marchitas.

➤ **Arbustos:** se podan en función de cuando florezcan. Dado que las especies que florecen en primavera suelen hacerlo en madera vieja, hay que podarlos después de la floración, si es necesario. De lo contrario se podrían perder la mayoría de sus flores. Las especies que florecen en verano, como la cletra, suelen florecer en tallos del año en curso y por lo tanto es mejor realizar la poda en invierno o a principios de primavera.

➤ **Setos:** se podan hacia principios de verano. Así no crecen tanto y conservan su forma hasta que vuelvan a brotar en la siguiente primavera.

➤ **Partes florecidas:** hay que eliminarlas con rapidez para que la planta no empiece a producir semillas (ver fotografía 3).

Cómo podar

Los tallos se cortan a 0,5 ó 1 cm por encima de una yema orientada hacia fuera y efectuando un corte oblicuo hacia el exterior de la planta. Así el agua de lluvia no penetrará en

la yema y ésta no se estropeará. No hay que cortar a más altura sobre la yema porque el resto del tallo se secaría, dejando un molesto tocón. Los tallos enteros se cortan a ras de suelo, y las ramas lo más cerca posible del tronco. Los cortes de más de 2 cm de diámetro cicatrizan mejor si se untan con un cicatrizante que se puede adquirir en cualquier centro de jardinería. ∎

Reproduzca usted mismo sus plantas

Casi nunca tenemos suficientes plantas, y reproducirlas uno mismo no es difícil, resulta divertido y ayuda a ahorrar dinero.

Muchas matas y flores de bulbo pueden sembrarse, algunas incluso se reproducen espontáneamente. Entre estas especies se cuentan la aguile-

> La brunera del Cáucaso se autopropaga por semillas.

ña, el geranio de los Balcanes, la dedalera, el orobo vernal, el nomeolvides del Cáucaso, la astrantia y la quinodoxa.

Sembrar y apartar

Las semillas puede comprarlas o recogerlas usted mismo a finales de verano y luego secarlas. En las bolsitas de semillas se incluyen instrucciones precisas para su siembra. La mejor época para hacerlo es la primavera. Muchas especies pueden sembrarse directamente en el arriate, pero se obtienen mejores resultados si se las siembra en cubetas o semilleros, empleando tierra especial para cultivo.

➤ Llene el semillero con tierra de siembra hasta 1 cm por debajo del borde superior, y apisónela con la mano.

➤ Deposite o esparza las semillas uniformemente sobre la superficie (fotografía 2). Las semillas muy pequeñas se distribuyen mejor si antes se las mezcla con un poco de arena.

➤ Presione un poco sobre las semillas y cúbralas con cuidado con una capa fina de tierra.

➤ Luego riéguelas con una regadera con difusor y cubra el semillero con una tapa o con una lámina de plástico para evitar que se seque. Si la temperatura es de 18 a 20 °C,

pronto empezarán a germinar.

➤ En cuanto las plantitas tengan sus primeras hojas, sepárelas y trasplántelas a macetas individuales (ver recuadro de la página siguiente). Así crecerán con más fuerza.

➤ Cuando las plantas jóvenes hayan adquirido cierta talla, podrán ser trasladadas al jardín.

Dividir plantas

➤ En otoño se pueden dividir casi todas las matas y plantas

>> rápido y fácil

SUGERENCIA

Plantas económicas

Si le sobran plantas:

➤ Intercambie las plantas que le sobren con otros propietarios de jardines. Así conseguirá plantas nuevas.

➤ Usted mismo puede organizar una bolsa de intercambio en la que cada cual ofrezca lo que le sobra. Así la oferta será más variada.

1 **Cortar el esqueje**

Corte un tallo de 6 a 10 cm de la planta madre y plántelo en tierra para cultivo. Riéguelo bien y manténgalo húmedo hasta que empiece a crecer.

2 **Sembrar en un semillero**

Llene la cubeta con tierra para siembra, apisónela con la mano, esparza uniformemente las semillas, apriételas un poco con la mano, cúbralas con algo de tierra y riéguelas con cuidado.

3 **Dividir matas**

Extraiga la mata del suelo y córtela con un cuchillo o con una laya de arriba hacia abajo. Vuelva a plantar las partes en tierra nueva.

herbáceas. La mayoría luego vuelven a florecer con más intensidad. Extraiga la planta del suelo con un azadón y corte el cepellón de arriba a abajo con un cuchillo o una laya. Vuelva a plantar las partes en tierra nueva.

➤ Muchas plantas tapizantes, como las anémonas de otoño, las waldsteinias y los epimedios, desarrollan largos tallos en los que se forman nuevas plantas. Estos estolones se pueden cortar en primavera o en otoño y se vuelven a plantar.

Multiplicación por esquejes

Los brotes y los trozos de tallo también son capaces de producir raíces.

➤ A principios de verano, corte un tallo de 6 a 10 cm justo por debajo de una hoja.

➤ Elimine las hojas grandes y las yemas florales.

➤ Si unta el corte con un producto para arraigar (de venta en comercios especializados), tardará menos en producir raíces.

➤ Plante el tallo en una maceta con tierra para siembra, riéguelo bien y cúbralo con una hoja de plástico.

➤ Retire el plástico en cuanto el esqueje arraigue y empiece a crecer. De esta manera conseguirá nuevas raíces. ■

Separar las plantitas

🕐 **Tiempo necesario:**
De 30 a 40 minutos por cubeta.

Material necesario:

✗ Cubeta en la que las semillas ya hayan germinado y presenten sus primeras hojas.

✗ Una maceta de 6 a 8 cm de diámetro para cada plantita bien desarrollada.

✗ Tierra para cultivo.

Herramientas necesarias:

✗ Varilla de madera para separar y plantar las plantitas.

✗ Tijera para cortar las raíces demasiado largas.

✗ Regadera con difusor para regarlas.

Descripción de especies

Plantas vivaces

No hay plantas mas variadas y polivalentes que las vivaces, y son éstas las que más colorido aportan al jardín con sombra. La época de floración varía según las especies y va desde primavera hasta finales de otoño, con el punto álgido entre principios de verano y principios de otoño. Sus flores presentan gran diversidad de tamaños, formas y colores. Y hay muchas especies que a final de temporada lucen atractivas semillas o una bonita coloración otoñal. También existen numerosas matas de hojas ornamentales, cuyo punto fuerte es el colorido y las formas de su follaje. Incluso sin flores son capaces de dar colorido a los grupos de plantas. Según su desarrollo se las puede emplear para unas u otras finalidades: los ejemplares altos pueden constituir el núcleo de un macizo o emplearse como plantas aisladas, las medianas se pueden emplear como plantas de acompañamiento, y las menores como tapizantes.

Epimedio
Epimedium sp.

Altura: 20–50 cm
Floración: De mediados de primavera a finales de primavera
Mata de recubrimiento

➤ **hojas muy atractivas** ✿

Morfología: Hojas en forma de corazón; algunas variedades tienen coloración otoñal, otras, como *E. × warleyense*, son de hoja perenne; flores ornamentales en racimos, que pueden ser de color blanco, amarillo, rosa o rojo.
Ubicación: Suelos ligeramente húmedos y ricos en humus.
Cuidados: Abonar de vez en cuando con compost.
Aplicaciones: Las variedades robustas, como *E. × perralchicum* «Frohnleiten» pueden emplearse como tapizantes vivaces al pie de árboles y arbustos; las menores también para arriates.

Hosta
Hosta sp.

Altura: 30–90 cm
Floración: De principios de verano a principios de otoño
Para arriates y junto a los árboles

➤ **hojas ornamentales** ✿

Morfología: Hojas lanceoladas o acorazonadas en muchos tonos de verde; racimos alargados con flores pequeñas de color desde blanco hasta lila oscuro.
Ubicación: Suelo fresco y rico en humus; suelo y aire con humedad uniforme.
Cuidados: Cortar las partes floridas, abonar ocasionalmente.
Aplicaciones: Mata de hojas ornamentales para arriates o junto a árboles y arbustos; interesantes efectos al combinar con variedades con hojas de colores; también resulta atractiva junto a helechos y plantas de flor.

✿ fácil de cuidar sol sol y sombra sombra

Astilbe
Astilbe sp. e híbridos

Altura: 40–120 cm
Floración: De principios de verano a principios de otoño
Bonita mata para grupos

➤ **flores muy atractivas**

Morfología: Crecimiento denso, erecto o a lo ancho; hojas pinnadas; espigas plumosas de flores de color blanco, rosado, asalmonado, rojo o lila.
Ubicación: Suelos ricos en humus y algo ácidos; es una planta sensible al calor.
Cuidados: Regar con frecuencia con tiempo seco; cortar en primavera las partes que hayan florecido.
Aplicaciones: Forma grupos atractivos en arriates o cerca de los árboles; resulta especialmente atractiva ante un fondo oscuro de arbustos de hoja perenne.

Campanillas
Campanula latifolia

Altura: 80–150 cm
Floración: De principios de verano a finales de verano
Mata para rodear árboles y arbustos

➤ **campanillas de gran tamaño** ✿

Morfología: Crecimiento erecto; hojas ovaladas; flores campanuliformes de hasta 5 cm de longitud agrupadas en racimos; coloración azul violeta.
Ubicación: Suelos permeables y ricos en humus.
Cuidados: Regar ocasionalmente en tiempo seco; las plantas muy altas a veces necesitan tutores; proteger de los caracoles.
Aplicaciones: En grupos para bordear los árboles y arbustos; muy atractiva junto a la variedad «Alba», de flores blancas; también muy apropiada como mata principal.

Geranio
Geranium sylvaticum

Altura: 50–60 cm
Floración: De finales de primavera a mediados de verano
Mata para bordear árboles y arbustos

➤ **flores muy vivas**

Morfología: Crecimiento poco denso; hojas aromáticas y dentadas, con cinco a siete lóbulos; flores de color azulado o violeta rojizo con el centro blanco.
Ubicación: Suelos de frescos a húmedos y ricos en nutrientes.
Cuidados: La poda después de la floración lo induce a volver a florecer.
Aplicaciones: Se propaga cubriendo el suelo; crea formaciones densas; combina bien con la variedad blanca «Alba» o con la variedad «Mayflower» que es de color violeta azulado con el centro blanco.

Árboles y arbustos

Los árboles y arbustos constituyen la parte estructural de las zonas sombrías del jardín. Les proporcionan una estructura duradera y son una buena compañía para los helechos y las matas que toleran bien la sombra. Alrededor de árboles y arbustos se dan las condiciones idóneas para muchas plantas de bulbo que florecen en primavera.

Los arbustos de flor añaden colorido a las zonas sombrías del jardín. Muchas veces, además de bonitas flores, tienen también hojas de colores (marmoradas), cortezas atractivas o una hermosa coloración otoñal. Las especies que no crecen demasiado se pueden incluir en arriates. Los árboles y arbustos de hoja perenne forman un fondo oscuro ideal para hacer resaltar las matas con flores de colores claros. Incluso en invierno, cuando de los árboles de hoja caduca sólo quedan las ramas desnudas, los de hoja perenne siguen alegrando el jardín con sus intensos tonos verdes.

Hortensia común
Hydrangea macrophylla

Altura: 1–2 m
Floración: De principios de verano a principios de otoño
Arbusto bonito en solitario

➤ **floración abundante y prolongada**

Morfología: Crecimiento arbustivo y ancho; hojas ovaladas; flores en umbela, según las variedades, en muchos tonos de rosado, violeta y azul.
Ubicación: Suelos ricos en humus y sin cal; protegido del viento.
Cuidados: Cortar los tallos que se hayan podido congelar.
Aplicaciones: Arbusto atractivo tanto aislado como en grupo; también para arriates y como planta de jardinera; otras especies: *H. arborescens, H. sargentiana* y *H. anomala* subspec. petiolaris (trepadora); combina bien con las azaleas.

Laurel cerezo
Prunus laurocerasus

Altura: 1–3 m
Floración: De finales de primavera a principios de verano
Empleo polivalente

➤ **flores aromáticas** ✿

Morfología: Crecimiento ancho o erecto según las variedades; hojas parecidas a las del laurel, brillantes y de color verde oscuro; flores blancas y aromáticas; frutos negros y tóxicos.
Ubicación: Suelos humosos, con buen drenaje, y alcalinos.
Cuidados: Cortar en primavera los tallos muertos por el frío.
Aplicaciones: En grupos, formando setos o como planta aislada; también bajo árboles de gran tamaño; la variedad «Zabeliana» es de desarrollo horizontal y sirve como tapizante.

Mahonía
Mahonia sp.

Altura: 1–2 m
Floración: De finales de invierno a finales de primavera
Tolera muy bien la sombra

➤ **hoja perenne** ✿

Morfología: Crecimiento erecto; hojas dentadas de color verde brillante, con algunas variedades que tienen coloración otoñal; racimos de flores aromáticas de color amarillo dorado; bayas azules y un poco tóxicas.
Ubicación: Suelos con buen drenaje.
Cuidados: Colocar tutores si es necesario.
Aplicaciones: Para formar grupos o como fondo de arriates; para los jardines pequeños son recomendables las variedades *M. aquifolium* «Apollo», que sólo alcanza 1 m de altura, y *M. aquifolium* «Atropurpurea», de 0,6 m.

Cornejo de Siberia
Cornus alba «Sibirica»

Altura: 2–3 m
Floración: De finales de primavera a principios de verano
Muy decorativo

➤ **corteza roja muy atractiva** ✿

Morfología: Crecimiento ancho y arbustivo; corteza de color rojo brillante; hojas elípticas de color verde claro, rojas en otoño; flores blancas en umbela; fruto no comestible.
Ubicación: Cualquier suelo que no esté demasiado seco.
Cuidados: Podar las ramas viejas cada cinco años.
Aplicaciones: Para formar grupos de arbustos; combina muy bien con variedades de otros colores, como la «Argenteomarginata», de hojas blancas y multicolores, o la «Spaethii», con hojas manchadas de amarillo.

Rododendro y Azalea
Híbridos de *Rhododendron*

Altura: 0,5–4 m
Floración: De mediados de primavera a principios de verano
Muchas variedades

➤ **flores muy atractivas**

Morfología: Forma ancha a redondeada según las variedades; hojas alargadas, coriáceas, perennes y parcialmente brillantes; flores de casi todos los colores posibles, excepto el azul.
Ubicación: Suelo permeable, ácido y rico en humus.
Cuidados: Arrancar los tallos florales ya florecidos.
Aplicaciones: Para colocar alrededor de los árboles o combinar con coníferas y hortensias de jardín; también como plantas solitarias o de cobertura.

Plantas de bulbo y de rizoma

Los bulbos y rizomas producen las primeras flores de la primavera. Muchas de estas especies viven bien cerca de los árboles, donde reciben mucha luz en el momento de florecer, antes de que los árboles tengan hojas. Más tarde su ubicación puede quedar tranquilamente a la sombra, ya que después de florecer se retraen lentamente. Hay que dejar que sus hojas se marchiten y no cortarlas antes de tiempo, lo cual podría perjudicar su floración al año siguiente.

Por este motivo se las suele combinar con matas que toleren bien la sombra y cuyas hojas oculten las que se van marchitando.

Las plantas de bulbo y de rizoma producen gran efecto si se las planta en grupos. Si el lugar les es favorable, muchas de ellas se reproducen con normalidad. Además de las típicas flores de primavera, también hay especies que florecen en verano o en otoño.

Croco
Crocus tommasinianus

Altura: 5–10 cm
Floración: De finales de invierno a principios de primavera
Planta de bulbo

➤ **flores delicadas en forma de cáliz** ✿

Morfología: Hojas pequeñas con una línea central clara; flores de color azul a violeta claro; también hay variedades de color rojo rosáceo y violeta oscuro.
Ubicación: Suelo permeable y fresco hasta moderadamente seco.
Cuidados: Segar los prados con crocus cuando ya se hayan marchitado sus hojas; abonar durante la floración.
Aplicaciones: En grandes grupos junto a los árboles o bajo los arbustos, donde se multiplicarán en abundancia; combina bien con flores amarillas y blancas.

Coridalis amarilla
Corydalis lutea

Altura: 20–30 cm
Floración: De mediados de primavera a principios de otoño
Planta de rizoma

➤ **tapizante** ✿

Morfología: Hojas divididas y flores amarillas; la especie C. cava no tolera el sol en absoluto y produce flores de color blanco, púrpura o rosado.
Ubicación: Suelos mullidos, también pedregosos.
Cuidados: Dejar las plantas tranquilas y no molestarlas cavando o removiendo el suelo cerca de ellas.
Aplicaciones: Emplear en grupos numerosos; como tapizante bajo árboles y arbustos de hoja caduca, así como para bordear los arriates con su alegre colorido.

Escila española
Hyacinthoides hispanica

Altura: 20–40 cm
Floración: De finales de primavera a principios de verano
Planta de bulbo

➤ **flores muy bonitas**

Morfología: Hojas estrechas y alargadas; flores camapanuliformes de color azul medio hasta azul violáceo; también hay variedades de colores blanco y rosado.
Ubicación: Suelos húmedos, permeables y ricos en humus.
Cuidados: Regar en primavera con clima seco, no necesita nada más.
Aplicaciones: Para añadir un poco de color bajo los árboles y arbustos; también en grupos junto con narcisos y helechos; se puede emplear junto a las azaleas, así como a la sombra de los muros.

Lirio de los valles
Convallaria majalis

Altura: 10–25 cm
Floración: De finales de primavera a principios de verano
Planta de bulbo

➤ **flores aromáticas**

Morfología: Hojas de color verde oscuro, elípticas, lanceoladas, anchas; flores blancas, aromáticas y en racimos; bayas de color rojo luminoso.
Ubicación: Suelos mullidos y moderadamente secos.
Cuidados: Si crece demasiado basta con cortar una parte; abonar ocasionalmente con compost.
Aplicaciones: En grupos, frente a árboles y arbustos, delante de los muros y en arriates en los que pueda expandirse; la variedad «Rosea» es especialmente atractiva; ¡todas las partes de la planta son tóxicas!

Martagón, Azucena silvestre
Lilium martagon

Altura: 60–120 cm
Floración: De principios de verano a mediados de verano
Planta de bulbo

➤ **flores exóticas**

Morfología: Hojas lanceoladas y de color verde oscuro; flores de color rosado púrpura con manchas rojas, y puntas curvadas; existen variedades híbridas de color blanco, naranja y amarillo.
Ubicación: Suelo fresco, rico en nutrientes, limoso y alcalino.
Cuidados: Acolchar en invierno con compost de hojarasca.
Aplicaciones: En grupos, para dar una nota de color bajo árboles y arbustos; también para los arriates y macizos de matas.

Gramíneas, herbáceas y helechos

Las gramíneas y los helechos son grupos de vegetales que no guardan el más mínimo parentesco, pero se los suele colocar juntos porque ambos destacan por el atractivo de sus hojas y formas. Muchas gramíneas descienden de plantas de bosque y toleran bien la sombra. Destacan por sus sutiles flores, sus elegantes hojas, a veces multicolores, y sus espléndidas formaciones. Las gramíneas forman también un bonito marco verde que realza el colorido de las matas con flores.

Los helechos constituyen un grupo de plantas muy primitivas que carecen de flores y de semillas, y que sólo producen esporas. Se cuentan entre las plantas de hojas ornamentales y despliegan toda su belleza a la sombra de los árboles y arbustos. También se pueden colocar al borde del agua o combinarlos con gramíneas y con plantas vivaces.

Cárex
Carex hachijoensis

Altura: 20–30 cm
Floración: De mediados de primavera a finales de primavera
Planta de hoja perenne

➤ **hojas de coloración vistosa** ✿

Morfología: Hojas verdes, estrechas, perennes y con una franja central blanca; flores muy pequeñas en tallos florales muy finos.
Ubicación: Suelos con humus, limosos y ligeramente húmedos; evitar que el suelo se encharque.
Cuidados: Regar ocasionalmente en tiempo seco.
Aplicaciones: En grupos, ante árboles y arbustos; añade una nota de color a los arriates en invierno, para ello resulta muy apropiada la variedad «Evergold», con una franja central amarilla y ancha.

Lúzula
Luzula nivea

Altura: 20–40 cm
Floración: De principios de primavera a finales de primavera
Hierba ornamental perenne

➤ **ramilletes de flores blancas**

Morfología: Hojas perennes y estrechas con el borde blanco; forma conjuntos poco densos; ramilletes de flores blancas y atractivas.
Ubicación: Suelos limosos, con humus y algo húmedos.
Cuidados: Una poda después de la floración la estimula a brotar de nuevo.
Aplicaciones: En grupos bajo los árboles y arbustos, y también a su alrededor; se propaga con rapidez; la especie *L. sylvatica* «Marginata» tiene el borde de las hojas ondulado.

✿ fácil de cuidar   sol   sol y sombra ● sombra

Helecho hembra
Athyrium filix-femina

Altura: 25–120 cm
Anchura: 80–150 cm
Helecho que conserva las hojas en verano

➤ **formas muy sutiles** ✿

Morfología: Hojas grandes de color verde claro y finamente divididas dos o tres veces; se comercializan bastantes variedades, como por ejemplo la «Cristatum».
Ubicación: Suelos algo húmedos y poco alcalinos.
Cuidados: Regar de forma periódica durante tiempo seco.
Aplicaciones: En lugares húmedos, a la sombra de los árboles o cerca de éstos, y a la orilla del agua; combina muy bien con matas de bosque.

Adianto
Adiantum pedatum

Altura: 40–60 cm
Anchura: 1 m
Helecho que conserva las hojas en verano

➤ **plantas amplias**

Morfología: Hojas de color verde claro, divididas y con pedúnculo negro; forma plantas anchas que se propagan despacio.
Ubicación: Suelo con humus y buen drenaje; aire húmedo.
Cuidados: Abonar cada año con compost de hojas; cubrir con ramas de abeto para protegerlo de las heladas tardías.
Aplicaciones: Bajo árboles y arbustos y junto a ellos; en los jardines pequeños es preferible emplear la variedad «Imbricatum», de color verde azulado y que sólo alcanza los 20 cm de altura; *A. venustum* tampoco supera los 20 ó 30 cm.

Helecho macho
Dryopteris filix-mas

Altura: 50–110 cm
Anchura: 80–150 cm
Helecho que conserva las hojas en verano

➤ **muy poco exigente** ✿

Morfología: Hojas de color verde apagado, doblemente divididas y un poco curvadas; crecimiento cónico.
Ubicación: Suelo algo húmedo, aunque si le da el sol necesita más humedad; soporta breves períodos de sequía.
Cuidados: Regar en tiempos de sequía.
Aplicaciones: Solo o en pequeños grupos a la sombra de árboles y arbustos o alrededor de éstos; en los jardines pequeños es recomendable emplear la variedad «Crispa», que sólo alcanza los 50 cm de altura.

Otras plantas

Plantas vivaces

Nombre	Iluminación	Suelo	Floración Color	Altura Forma	Exigencias y Particularidades
Aguileña *Aquilegia vulgaris*		rico en humus, un poco húmedo	fin. primavera-ppos. verano violeta azulado	50–70 cm erecta	autopropagación por semillas; híbridos de flores blancas, amarillas o rojas; venenosa
Acónito *Aconitum napellus*		rico en nutrientes, un poco húmedo	med. verano-fin. verano azul	80–120 cm erecta	la variedad «Blancanieves» tiene las flores blancas; regar en tiempo de sequía; tóxica
Alquimila *Alchemilla mollis*		sin exigencias	ppos. verano-fin. verano verde amarillento	30–50 m arbustiva	podar después de la floración; también como tapizante
Amapola amarilla *Meconopsis cambrica*		limoso y algo húmedo	ppos. verano-fin verano/ ppos. otoño, amarillo	30 cm arbustivo	mata silvestre de floración abundante; se autopropaga por semillas
Anémona del Japón *Anemone hupehensis*		rico en nutrientes, un poco húmedo	fin. verano-med. otoño rosa, violeta	90–100 cm erecta	los híbridos de *A. Japonica* también tienen flores blancas o rojas
Aspérula olorosa *Galium odoratum*		limoso un poco húmedo	med. primavera-fin. primavera blanco	15–20 cm plana	dejar que crezca a sus anchas; forma cobertura con estolones
Astrantia *Astrantia major*		limoso, con humus, rico en nutrientes	ppos. verano-fin. verano blanco plateado	50–70 cm arbustiva	se autopropaga por semillas; hay variedades de color rosado
Barba de cabra *Aruncus dioicus*		rico en nutrientes, un poco húmedo	ppos. verano-med. verano blanco	130–200 cm erecto	regar en tiempo seco; mata principal de gran porte
Bistorta *Bistorta affinis*		rico en nutrientes, húmedo	ppos. verano-ppos. otoño rosa	20–30 cm plana	regar en tiempo seco; color naranja rojizo en otoño
Brunera *Brunnera macrophylla*		rico en nutrientes, un poco húmedo	med. primavera-fin. primavera azul	40–50 cm compacto	se autopropaga por semillas; variedades con hojas manchadas y con el borde blanco
Búgula *Ajuga reptans*		rico en nutrientes, un poco húmedo	med. primavera-ppos. verano azul	20 cm, botapizante	abonar de manera periódica; la variedad «Atropurpúrea» tiene las hojas rojas
Cimicífuga *Cimicifuga* sp		rico en humus, fresco y húmedo	med. verano-ppos. otoño blanco	150–200 m erecta	no tolera la sequía; bonitos y largos tallos florales
Coralito Híbridos de *Heuchera*		permeable, un poco húmedo	fin. primavera-med. verano blanco, rosa, rojo	40–70 cm tapizante	regar en tiempo seco; hay variedades con hojas rojas
Corazones *Dicentra spectabilis*		rico en nutrientes, un poco húmedo	med. primavera-ppos. verano blanco, rosa	60–80 cm erecta	proteger de las heladas tardías; la variedad «Alba» tiene las flores blancas
Dedalera *Digitalis purpurea*		algo ácido y húmedo	ppos. verano-med. verano blanco, amarillo, rosa	100–140 cm poco denso	autopropagación por semillas; no tolera la hojarasca en otoño; tóxica

Nombre	Iluminación	Suelo	Floración Color	Altura Forma	Exigencias y Particularidades
Fucsia *Fuchsia magellanica*	◐	rico en nutrientes, y humus	med. verano-fin. otoño rosa, rojo	80–100 cm arbustivo	proteger con hojarasca en invierno; poda de aligeramiento en primavera
Geranio *Geranium sanguineum*	☼ ◐	alcalino, arenoso y moderadamente seco	fin. primavera-fin. verano rojo-carmín	10–50 cm arbustivo	color rojo en otoño; la variedad «Álbum» tiene flores blancas
✿ **Geranio de los Balcanes** *Geranium macrorrhizum*	☼ ◐	rico en nutrientes, moderadamente seco	fin. primavera-med. verano blanco, rosa	20–30 cm tapizante	autopropagación por semillas; buena tapizante; muchas variedades
✿ **Heléboro** Híbridos de *Helleborus*	◐	calizo, un poco húmedo	fin. invierno-med. primavera blanco, rosa, rojo	20–40 cm arbustivo	dejar que crezca a sus anchas muchas variedades; perenne; tóxica
Hemerocalis Híbridos de *Hemerocallis*	☼ ◐	rico en nutrientes, un poco húmedo	fin. primavera-fin. verano todos menos el azul	40–100 cm arbustivo	cortar los tallos que ya hayan florecido; muchas variedades, también multicolores
✿ **Hierba centella** *Caltha palustris*	☼ ●	limoso, alcalino, y de húmedo a mojado	ppos. primavera-fin. primavera amarillo	20–40 cm semiesférica	se autopropaga por semillas; la variedad «Multiplex» tiene flores plenas
✿ **Hortensia de invierno** Híbridos de *Bergenia*	☼ ●	todo tipo de suelos de jardín	ppos. primavera-fin. primavera blanco, rosa, rojo	30–60 cm compacta	perenne; dejar que crezca a sus anchas; variedades atractivas
Lechetrezna de bosque *Euphorbia amygdaloides*	◐	permeable, húmedo	med. primavera-fin. primavera verde amarillento	30–60 cm erecta	la variedad «Purpúrea» tiene las hojas rojas; todas sus partes son muy tóxicas
Ligularia Especies de *Ligularia*	◐	rico en nutrientes, de húmedo a mojado	med. verano-ppos. otoño amarillo anaranjado	100–150 cm erecta	flores de formas diversas; proteger de los caracoles
✿ **Ombliguera** *Omphalodes verna*	◐	mullido, cálido, y de fresco a húmedo	ppos. primavera-fin. primavera azul	20 cm tapizante	cubrir las plantas más débiles; bajo árboles y arbustos
✿ **Ortiga muerta** *Lamium maculatum*	◐	rico en nutrientes, mullido	fin. primavera-ppos. verano púrpura	20–40 cm tapizante	se puede segar; hojas con manchas plateadas
✿ **Orobo vernal** *Lathyrus vernus*	◐	sin exigencias	med. primavera-fin. primavera violeta rojizo	20–30 cm arbustivo	dejar que crezca a sus anchas; se autopropaga por semillas
Poligonato *Polygonatum × hybridum*	◐	alcalino, algo húmedo	fin. primavera-ppos. verano blanco	60–100 cm arqueada	proteger de los caracoles; flores aromáticas; tóxica
Primavera *Primula sp.*	◐	rico en nutrientes, un poco húmedo	ppos. primavera-ppos. verano todos los colores	10–50 cm en roseta	regar en tiempo seco; muchas especies y variedades
✿ **Pulmonaria** Especies de *Pulmonaria*	◐ ●	rico en humus, mullido, húmedo	ppos. primavera-fin. primavera azul, lila, blanco	20–30 cm tapizante	forma una bonita cobertura; también con hojas con tonos plateados
Raíz de serpiente *Ageratina altissima*	☼ ◐	rico en nutrientes, húmedo	med. verano-fin verano/ ppos. otoño, blanco	50–150 cm arbustivo	también para el borde de los estanques; la variedad «Chocolate» tiene las hojas de color marrón rojizo
Rodgersia *Rodgersia sp*	◐ ●	rico en nutrientes, húmedo	ppos. verano-med. verano blanco, rosa claro	80–150 cm erecta	mata de gran porte; hay especies con las hojas rojas

Plantas vivaces

Nombre	Iluminación	Suelo	Floración Color	Altura Forma	Exigencias y Particularidades
Saxífraga *Saxifraga cortusifolia* var. *fortunei*		rico en humus, un poco húmedo	fin. verano-med. otoño blanco	30 cm forma en roseta	hojas de color marrón rojizo; proporcionarle algo de protección en invierno
✿ Saxífraga *Saxifraga × urbium*		permeable y rico en humus	fin. primavera-ppos. verano blanco-rosa	30 cm en roseta	para cubrir superficies pequeñas; perenne
Tiarela *Tiarella cordifolia*		rico en humus, un poco húmedo	med. primavera-fin. primavera blanco crema	20–30 cm plana	tapizante y densa; *T. wherryi* no produce estolones
Tricirtis *Tricyrtis hirta*		permeable, un poco húmedo	fin. verano-ppos. otoño blanco-púrpura	50–90 cm erecta	regar en tiempo seco; las flores parecen orquídeas
Vincapervinca, vinca Especies de *Vinca*		rico en humus, un poco húmedo	med. primavera-med. verano azul claro	40 cm tapizante	perenne; muchas variedades; *V. major* tiene las hojas más grandes
Violeta de olor *Viola odorata*		suelo fresco y mullido	ppos. primavera-med. primavera violeta	10 cm tapizante	segunda floración a fin. verano; dejar que crezca a sus anchas; aromática
Waldsteinia *Waldsteinia ternata*		rico en nutrientes, también seco	ppos. primavera-fin. primavera amarillo dorado	10 cm tapizante	produce estolones pero *W. geoides*, no

Árboles y arbustos

Nombre	Iluminación	Suelo	Floración Color	Altura Forma	Exigencias y Particularidades
Acebo *Ilex aquifolium*		rico en humus y no demasiado seco	fin. primavera-ppos. verano blanco	hasta 5 m erecta/ancha	perenne; muchas variedades; frutos rojos y tóxicos
✿ Agracejo *Berberis candidula*		poco exigente de seco a húmedo	fin. primavera amarillo	0,5–0,8 m redondeada y ancha	tallos colgantes; perenne
Andrómeda *Pieris sp*		ácido, sin cal, un poco húmedo	med. primavera-fin. primavera crema	1–2m amplia	perenne; variedades con hojas rojas y manchadas de blanco
Avellano *Corylus avellana* «Contorta»		poco exigente, y de seco a húmedo	ppos. primavera-med. primavera verde amarillento	2–4 m erecto	tallos retorcidos; eliminar de inmediato los tallos silvestres
✿ Boj *Buxus sempervirens*		alcalino y no demasiado seco	med. primavera-fin. primavera verde amarillento	0,5–3 m erecta	Tolera muy bien la poda; perenne; crecimiento lento
Cletra *Clethra alnifolia*		no alcalino y húmedo	med. verano-fin. verano/ ppos. otoño, blanco	2–3 m erecta	para lugares resguardados; flores aromáticas

Nombre	Iluminación	Suelo	Floración Color	Altura Forma	Exigencias y Particularidades
Cotoneaster *Cotoneaster multiflorus*	☼ ☽	suelo normal de jardín	fin. primavera-ppos. verano blanco	2–3 m erecta	sólo se pueden podar los arbustos jóvenes; coloración otoñal amarilla
Evónimo *Euonymus fortunei*	☼ ☽	todo tipo de suelos de jardín	ppos. verano-med. verano verde amarillento	hasta 1 m rastrera	perenne; variedades con hojas marmoradas; algunas trepadoras
Fotergila *Fothergilla major*	☼ ☽	Permeable, no alcalino	fin. primavera nata	1,5–2 m erecta	las flores huelen a miel; color otoñal rojo carmín
Halesia *Halesia carolina*	☼ ☽	rico en humus, fresco y permeable	med. primavera-fin. primavera blanco	3–4 m erecta	lugares resguardados; amarillo en otoño
Hamamelis *Hamamelis × intermedia*	☼ ☽	suelo ácido y permeable	med. invierno-ppos. primavera amarillo a rojo	2–3 m erecta/ancha	sensible a los suelos demasiado compactados
Kerria *Kerria japonica*	☼ – ●	permeable y no muy seco	med. primavera-fin. primavera amarillo dorado	1,5–2 m arbustiva	forma estolones; la variedad «Pleniflora» tiene flores plenas
Kolkwicia *Kolkwitzia amabilis*	☼ ☽	poco exigente, un poco húmedo	ppos. verano blanco rosado	2–3 m erecta	flores de aroma dulzón; la variedad «Pink Cloud» florece con gran abundancia
Paquisandra *Pachysandra terminalis*	☽ ●	rico en humus, y de fresco a húmedo	med. primavera-fin.primavera blanco	0,2–0,3 m erecta	subarbusto de hoja perenne; bueno para dar cobertura al suelo
✿ Viburno *Viburnum rhytidophyllum*	☼ – ●	rico en nutrientes, de fresco a húmedo	fin. primavera-ppos. verano blanco crema	3–4 m arbusto amplio	frutos de color rojo brillante a partir de fin. verano, y negros cuando maduran

Trepadoras leñosas

Nombre	Iluminación	Suelo	Floración Color	Altura Forma	Exigencias y Particularidades
✿ Hiedra *Hedera helix*	☽ ●	nada exigente, fresco	ppos. otoño amarillo verdoso	5–10 m	perenne; también como tapizante; tóxica
✿ Hortensia trepadora *Hydrangea anomala* ssp. *petiolaris*	☼ – ●	permeable y un poco ácido	ppos. verano-med. verano blanco amarillento	5–7 m	la poda estimula una floración más abundante; aroma dulzón
Madreselva común *Lonicera caprifolium*	☽	rico en nutrientes, alcalino	fin.primavera-ppos. verano blanco	3–5 m	Las raíces han de estar en lugar sombrío y fresco; bayas rojas
Parra de las pipas *Aristolochia macrophylla*	☽ ●	algo limoso y húmedo	ppos. verano-fin. verano verde amarillento	hasta 6 m	enredadera muy vivaz; hojas grandes y atractivas
✿ Viña virgen *Parthenocissus* sp	☽	todo tipo de suelos de jardín	ppos. verano-fin. verano blanco, verde amarillento	8–10 m	hermoso color rojo escarlata en otoño

Plantas de bulbo y tubérculos

Nombre	Iluminación	Suelo	Floración / Color	Altura / Forma	Exigencias y Particularidades
Ajo dorado *Allium moly*		permeable, un poco húmedo	fin. primavera-ppos. verano amarillo	20–30 cm arbustivo	se multiplica a partir del bulbo madre; la variedad «Jeannine» tiene flores más grandes
✿ Ajo de oso *Allium ursinum*		rico en nutrientes, un poco húmedo	med. primavera-fin. primavera blanco	30–40 cm tapizante	recubre el suelo bajo árboles y arbustos; comestible, hojas aromáticas
Aleluya *Oxalis acetosella*		rico en humus, ácido un poco húmedo	med. primavera-fin. primavera blanco	10–15 cm tapizante	regar en tiempo seco; agradable cobertura del suelo
✿ Anémona *Anemone sp*		rico en humus moderadamente seco	ppos. primavera-fin. primavera azul, blanco, rosa	15–30 cm baja	dejar que crezca a sus anchas; *A. ranunculoides* tiene flores amarillas; tóxica
Aro *Arum italicum*		alcalino, un poco húmedo	med. primavera-fin. primavera blanco amarillento	30–60 cm erecta	flores en disposición cilíndrica; bayas rojas y tóxicas
Cala, aro palustro *Calla palustris*		rico en humus, ácido y muy húmedo	fin. primavera-fin. verano blanco-amarillo	10–30 cm erecta	puede crecer en agua hasta 30 cm de profundidad; mejor plantarla en primavera
✿ Campanilla de las nieves *Galanthus nivalis*		permeable y húmedo	fin. invierno-ppos. primavera blanco	10–20 cm tapizante	se autopropaga por semillas; hay variedades con flores grandes y plenas
✿ Campanilla de primavera *Leucojum vernum*		rico en humus, limoso, de húmedo a mojado	ppos. primavera-med. primavera blanco	20–40 cm tapizante	aroma intenso; hay variedades con dos flores por tallo; tóxica
Ciclamen *Cyclamen hederifolium*		permeable, moderadamente seco	fin. verano-ppos. otoño rosa, blanco	10 cm aplanada	plantar en posición vertical
Erantis *Eranthis hyemalis*		permeable y poco húmedo	fin. invierno-ppos. primavera amarillo	10 cm tapizante	se propaga mucho; dejar que crezca a sus anchas
✿ Escila azul *Scilla siberica*		rico en humus, moderadamente seco	ppos. primavera-fin. primavera azul, blanco	10–20 cm tapizante	autopropagación por semillas; muchas variedades
Narciso *Híbridos de Narcissus*		rico en nutrientes, moderadamente seco	ppos. primavera-fin.primavera blanco, amarillo	10–60 cm erecta	bonito en grupos; muchas variedades; tóxico
✿ Quionodoxa *Chionodoxa luciliae*		permeable, poco húmedo	ppos. primavera-med. primavera azul, blanco, rosa	10–15 cm tapizante	forma colonias bajo árboles y arbustos poco densos
Tablero de damas *Fritillaria meleagris*		rico en nutrientes, húmedo a mojado	med. primavera-fin. primavera blanco, violeta	15–30 cm arbustiva	flores con dibujo de tablero de damas; dejar que crezca a sus anchas
Trilio *Trillium sp*		mullido, ácido y húmedo	ppos. primavera-ppos. verano blanco, amarillo, rojo	10–40 cm erecta	necesita un suelo profundo; colocar en grupos densos
Tulipán *Tulipa sp*		permeable, moderadamente seco	ppos. primavera-fin. primavera todos menos el azul	10–70 cm erecta	abonar cuando empiece a brotar; muchas especies y variedades
Uvularia *Uvularia grandiflora*		rico en humus, poco húmedo	med. primavera fin. primavera amarillo	30–40 cm colgante	se propaga despacio

Gramíneas y herbáceas

Nombre	Iluminación	Suelo	Floración / Color	Altura / Forma	Exigencias y Particularidades
Cárex *Carex morrowii «Variegata»*	☼ ●	rico en humus, de fresco a húmedo	med. primavera amarillo	40–50 cm denso	perenne; color verde oscuro con franjas de color blanco crema
Cárex *Carex sidserosticha «Variegata»*	☼ ●	rico en humus moderadamente húmedo	med. primavera-fin. primavera amarillo	10–20 cm arbustivo	hojas con franjas blancas y rosadas por la base; tolera la caída de la hoja
Cárex *Carex grayi*	☼ ☼	de seco a húmedo	ppos. verano-fin. verano amarillento	60 cm arbustivo	frutos redondos, espinosos y muy decorativos
Deschampsia *Deschampsia cespitosa*	☼	fresco a húmedo	ppos. verano-med. verano marrón dorado	50–120 cm ancha/ arbustiva	floración densa; tiende a la autopropagación por semillas
✿ **Festuca** *Festuca gautieri*	☼	pobre en nutrientes moderadamente seco	ppos. verano-med. verano marrón amarillento	10–20 cm tapizante	forma una cobertura densa y de color verde intenso, similar al césped
Hakonecloa *Hakonechloa macra «Aureola»*	☼	permeable ligeramente húmedo	fin. verano amarillo	30 cm colgante	hojas con franjas amarillas; proteger del frío en invierno
Molinia, escobizo *Molinia caerulea*	☼ – ●	todo tipo de suelos de jardín	med. verano-med. otoño. amarillo	50–90 cm erecta	color amarillo dorado en otoño; muchas variedades

Helechos

Nombre	Iluminación	Suelo	Color	Altura / Forma	Exigencias y Particularidades
✿ **Dentabrón** *Dryopteris affinis*	☼ ●	rico en humus, moderadamente húmedo	verde intenso	80–100 cm erecta	tallos con escamas de color marrón dorado; resiste el frío
Helecho real *Osmunda regalis*	☼ ●	rico en humus, de húmedo a encharcado	verde claro	60–200 cm arbustiva	esporas doradas; bonito como planta aislada
Lengua de ciervo *Asplenium scolopendrium*	☼ ●	permeable y algo húmedo	verde claro	20–40 cm densa	hojas perennes, brillantes y en forma de lengua
Mateucia *Matteuccia struthiopteris*	☼ ●	mullido, rico en humus, un poco húmedo	verde fresco	60–100 cm erecta	para superficies grandes; forma estolones
✿ **Polipodio, helecho dulce** *Polypodium vulgare*	☼ ●	rico en humus, un poco húmedo	verde oscuro	20 cm tapizante	perenne; crece también sobre troncos cubiertos de musgos y en las grietas de las rocas
Polístico, píjaro *Polystichum setiferum*	☼ ●	mullido, rico en humus, ligeramente húmedo	verde denso	50–60 cm arbustiva	hojas perennes y finamente divididas; muchas variedades

Las combinaciones más hermosas

(🏵 = Esta planta crece tanto en suelos ácidos como alcalinos, por lo que se puede emplear para muchas combinaciones más)

(Semi-) Sombra con suelo ácido y fresco

Buenas compañeras

	Azaleas (Híbridos de *Rhododendron*)
🏵	**Escila española** (*Hyacinthoides hispanica*)
	Hortensia de jardín (*Hydrangea macrophylla*)
🏵	**Helecho macho** (*Dryopteris filix-mas*)
	Polypodium vulgare
🏵	**Hosta** (*Hosta undulata* «Undulata»)
	Trillium sp
🏵	**Tablero de damas** (*Fritillaria meleagris*)

	Cornejo del Canadá (*Cornus canadensis*)
	Fotergila (*Fothergilla major*)
	Helecho hembra (*Athyrium filix-femina*)
	Helecho macho (*Dryopteris filix-mas*)
🏵	**Hosta** (*Hosta fortunei* «Gold Standard»)
🏵	**Narcisos** (*Narcissus* sp)
	Pieris (*Pieris* sp)
🏵	**Rodgersia** (*Rodgersia* sp)

Descripción

Las formas arbustivas de las azaleas y las hortensias contrastan mucho con los delicados helechos y las hostas bicolores. En primavera empiezan por florecer las plantas de bulbo, seguidas de las azaleas y, a partir de principios de verano, las hortensias y las hostas. Algunas especies y variedades de azaleas alegran el otoño con el colorido de sus hojas. Resultan especialmente vivos los tonos rojos y naranjas de las flores de las azaleas de las variedades «Nova Zembla» y «Bernstein». Existen hortensias híbridas con atractivas flores bicolores, como las de las variedades «Mariesli» y «Rosalba».

Esta combinación está marcada por los arbustos grandes, como fotergila y pieris, acompañados por plantas menores, como los helechos, las hostas y la rodgersia. El cornejo recubre el suelo. En primavera florecerán primero los narcisos, seguidos por pieris, fotergila a finales de primavera, y a principios de verano el cornejo y rodgersia, seguidos de las hostas. En otoño destacan los frutos rojos del cornejo, el naranja de las hojas de fotergila y el rojo oscuro de rodgersia. También son muy bonitas las hojas manchadas de blanco de la pieris «Variegata».

(Semi-) sombra con suelo alcalino y fresco

Buenas compañeras

	Cotoneaster (*Cotoneaster multiflorus*)
	Geranio de sangre (*Geranium sanguineum*)
	Heléboro (Híbridos de *Helleborus*)
	Laurel cerezo (*Prunus laurocerasus* «Otto Luyken»)

🏵	**Búrgula** (*Ajuga reptans*)
	Clemátide (*Clematis* sp)
	Híbridos de *Polygonatum*
	Martagón (*Lilium martagon*)
	Viburno (*Viburnum rhytidophyllum*)

Descripción

Aquí se emplea el cotoneaster como planta solitaria para que destaque por su bonita forma colgante, su abundancia de flores a finales de primavera, y el color rojo de sus frutos. Lo acompaña el pequeño laurel cerezo, de hoja perenne y apenas 1,2 m de altura. El geranio se emplea para cubrir el suelo y florece de finales de primavera hasta finales de verano, inundándolo todo con su color rojo intenso. Los ejemplares de heléboros añaden colorido al arriate a partir de principios de invierno.

El viburno queda bien sola o en un pequeño grupo. La clemátide trepa por cualquier soporte disponible, mientras la búrgula es robusta y recubre bien el suelo. También es la primera en florecer en primavera, seguida de poligonato, viburno y martagón. Las clemátides florecen de mediados de primavera a principios de verano según las especies y variedades. También se pueden incluir flores de bulbo tolerantes, como por ejemplo la escila española.

Sombra muy húmeda

Buenas compañeras	Descripción
Para suelos alcalinos: **Bistorta** (*Bistorta affinis*) **Eupatorio** (*Eupatorium rugosum*) **Hierba centella** (*Caltha palustris*)	La espérgula es una planta tapizante muy robusta, mientras que las otras dos son típicas plantas de la vegetación ribereña. La hierba centella florece a partir de principio de primavera, la espérgula lo hace de principios de verano a mediados de otoño, y eupatorio de mediados de verano a principios de otoño.
Para suelos ácidos: **Cala** (*Calla palustris*) **Cletra** (*Clethra alnifolia*) **Helecho real** (*Osmunda regalis*) **Ligularia** (*Ligularia* sp) **Primavera** (*Primula* sp)	La cletra puede emplearse como planta solitaria o en grupos, pero necesita un lugar resguardado. Las ligularias de hojas anchas, los helechos, las primaveras y las calas también pueden colocarse junto al agua. Las primeras plantas en florecer son las primaveras, que lo hacen a principio de primavera, a finales de primavera les siguen las calas, y a partir de mediados de verano las ligularias y la cletra. El helecho real se tiñe de amarillo en otoño.

Sombra muy seca

Buenas compañeras	Descripción
Para suelos alcalinos: **Agracejo** (*Berberis candidula*) **Geranio de los Balcanes** (*G. macrorrhizum*) **Waldsteinia tapizante** (*Waldsteinia ternata*)	El agracejo es un resistente arbusto enano, mientras que el geranio de los Balcanes y la waldsteinia son plantas vivaces y tapizantes. La waldsteinia florece de mediados de primavera a principios de verano, el agracejo lo hace a finales de primavera, y el geranio de finales de primavera a mediados de verano.
Para suelos ácidos: **Cotoneaster** (*Cotoneaster praecox*) **Saxífraga** (*Saxifraga umbrosa*) **Vincapervinca** (*Vinca major*)	Este cotoneaster es un arbusto pequeño que también puede crecer entre las piedras. Vincapervinca y saxífraga son plantas tapizantes. La vincapervinca es la primera en florecer, a mediados de primavera, seguida por el cotoneaster a finales de primavera, y saxífraga a partir de principios de verano.

Sombra profunda

Buenas compañeras	Descripción
Para suelos alcalinos: **Boj** (*Buxus sempervirens*) **Hosta** (*Hosta* sp) **Paquisandra** (*Pachysandra terminalis*) **Viburno** (*V. rhytidophyllum*)	El boj y el viburno son las plantas que más destacan; paquisandra recubre el suelo, mientras las hostas hacen de acompañamiento. La paquisandra florece de mediados de primavera a finales de primavera y la bola de nieve a principios de verano, aunque también alegra el otoño con sus frutos, que al principio son rojos y luego negros. Las hostas, según la variedad, florecen entre principios de verano y principios de otoño.
Para suelos ligeramente ácidos: **Aleluya** (*Oxalis acetosella*) **Aspérula olorosa** (*Galium odoratum*) **Kerria** (*Kerria japonica*) **Polipodio** (*Polypodium vulgare*) **Rodgersia** (*Rodgersia* sp)	La kerria puede vivir totalmente a la sombra, pero entonces florece menos que en semisombra. La rodgersia es una mata magnífica que también luce mucho en solitario. La aspérula olorosa y la aleluya y el pequeño polipodio son típicas plantas de bosque. La aleluya florece de mediados a finales de primavera, justo a partir de ese último mes lo hacen la aspérula olorosa y las kerrias, mientras la rodgersia florece de principios de verano a mediados de verano.

Calendario de trabajo

Mediados de invierno–Mediados de primavera: Tranquilidad en el jardín sombrío

MEDIADOS DE INVIERNO

- ➤ **Observar:** Pasee por el jardín y fíjese en las zonas que quedan a la sombra. Las sombras de los edificios y las plantas de hoja perenne no hay forma de evitarlas, aunque bajo estas últimas todavía hay luz.
- ➤ **Planificar:** Consulte libros, revistas y catálogos de plantas, y vaya haciendo planes para la próxima temporada.
- ➤ **Cuidar:** Si el tiempo es seco, riegue las plantas perennes en los días en que no hiele.

FINALES DE INVIERNO

- ➤ **Planificar:** ¿Cómo se podrían plantar y mejorar las zonas con sombra? Para planificarlo le resultará útil hacerse un esquema del jardín a escala 1:100. Incluya las condiciones de iluminación, así como el desplazamiento de las sombras a lo largo del día y de las estaciones.
- ➤ **Cuidados:** Siga regando las perennes en tiempo seco; aclare los árboles y arbustos; recoja la hojarasca de debajo de árboles y arbustos.

Finales de primavera–Finales de verano: Luz de verano en las sombras

FINALES DE PRIMAVERA

- ➤ **Observar:** Vuelva a recorrer su jardín y fíjese en qué lugares hay sombra después de que les hayan salido las hojas a los caducifolios.
- ➤ **Plantar:** Ahora puede elegir entre una gran variedad de matas. Al no haber riesgo de heladas, ya puede sacar las plantas de jardinera al exterior. Es un buen momento para sembrar en los arriates.
- ➤ **Cuidar:** Añadir abono y acolchado.

PRINCIPIOS DE VERANO

- ➤ **Plantar:** Compre plantas en macetas para rellenar los huecos que hayan podido quedar en el jardín.
- ➤ **Cuidar:** Coloque tutores para las matas muy altas; corte periódicamente las partes que vayan floreciendo; riegue con frecuencia si el clima es seco; abone si es necesario y arranque las malas hierbas; desde principios de verano se pueden podar los setos y las plantas con formas artísticas.

Principios de otoño–Principios de invierno: Un otoño lleno de colorido

FINALES DE VERANO / PRINCIPIOS DE OTOÑO

- ➤ **Observar:** Vuelva a recorrer el jardín y anote las relaciones de luz y sombra, a la vez que disfruta de los primeros colores del otoño.
- ➤ **Plantar:** Ahora empieza la época en que hay que plantar los bulbos y las matas que florecerán en primavera.
- ➤ **Cuidar:** Corte lo que ya haya florecido; si el tiempo es seco, siga regando.

MEDIADOS DE OTOÑO

- ➤ **Planificar:** ¿Se puede mejorar o corregir algo en las zonas sombrías de su jardín? Ahora es un buen momento para ir haciendo planes.
- ➤ **Plantar:** Aproveche para plantar plantas de bulbo, matas, árboles y arbustos.
- ➤ **Cuidar:** Ablande el suelo y abónelo con compost si hace falta; acólchelo con hojarasca; vuelva a entrar en casa las plantas de jardinera más delicadas; es el momento de dividir las matas.

➤ **Planificar:** Haga una lista de las plantas que desee comprar. Elija especies y variedades que se adapten a las condiciones de su jardín y que se puedan combinar bien entre ellas.

➤ **Plantar:** Es un buen momento para plantar árboles y arbustos.

➤ **Cuidar:** Retire las protecciones invernales en cuanto las plantas empiecen a brotar; corte las ramas y los tallos que hayan sufrido daños por las heladas; si el clima es seco, riegue las plantas que vayan a florecer en primavera.

➤ **Acondicionar:** Si desea montar un arriate a la sombra, empiece a preparar el terreno para las plantas.

➤ **Plantar:** Ahora es el mejor momento para plantar los árboles y arbustos de hoja caduca, así como todas las plantas de bulbo que florezcan en otoño. También es adecuado para sembrar matas.

➤ **Cuidar:** En este mes se pueden dividir las matas que no florecen en primavera.

➤ **Planificar:** Visite exposiciones y centros de jardinería para tomar nuevas ideas para su jardín. Vaya preparando la lista de lo que plantará en otoño.

➤ **Cuidar:** Si el ambiente es muy seco, riegue en abundancia; mantenga mullido el suelo y los arriates; añada acolchado si hace falta; corte periódicamente las partes florecidas; ate las plantas altas o póngales tutores.

➤ **Decorar:** Las plantas de jardinera le ayudarán a poner notas de color en las terrazas a la sombra.

➤ **Cuidar:** A partir de finales de verano ya no hay que abonar mas las plantas, así resistirán mejor el invierno; añada acolchado si es necesario; corte las flores marchitas y pode las matas que ya hayan florecido; riegue en abundancia si el clima es seco.

➤ **Plantar:** Si no hay riesgo de heladas, todavía se pueden plantar las últimas leñosas y los últimos bulbos.

➤ **Cuidar:** Cubra las especies más delicadas con hojarasca o ramas de abeto para protegerlas del frío; aumente la capa de acolchado; corte las flores marchitas, pero dejando los frutos ornamentales de herbáceas y matas para que decoren un poco el jardín.

➤ **Planificar:** Pase revista a la temporada que finaliza. ¿Está satisfecho con los colores y las formas, con el crecimiento de las plantas y los cuidados que hay que ofrecerles? Ahora es un buen momento para planificar con tranquilidad posibles correcciones.

➤ **Decorar:** Cuelgue lamparillas u otros elementos decorativos, que lucen especialmente bien en las plantas de hoja perenne.

➤ **Cuidar:** Riegue las plantas de hoja perenne en los días en que no haya riesgo de heladas;

Índice alfabético

Los números expresados
en **negrita** hacen referencia
a las ilustraciones

Debido a las grandes diferencias climáticas y microclimáticas existentes, hemos establecido los criterios hortícolas pensando en un jardín de una zona templada media, sin grandes heladas invernales ni un calor sofocante en verano. Por lo tanto, cada lector deberá adelantar o retrasar las labores correspondientes dependiendo de si su jardín se halla en una zona más cálida o más fría que la media considerada.

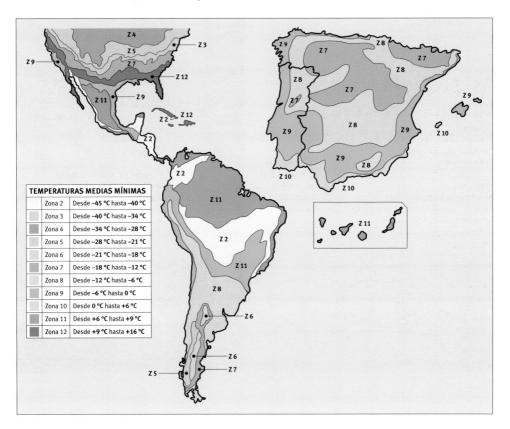

TEMPERATURAS MEDIAS MÍNIMAS	
Zona 2	Desde −45 °C hasta −40 °C
Zona 3	Desde −40 °C hasta −34 °C
Zona 4	Desde −34 °C hasta −28 °C
Zona 5	Desde −28 °C hasta −21 °C
Zona 6	Desde −21 °C hasta −18 °C
Zona 7	Desde −18 °C hasta −12 °C
Zona 8	Desde −12 °C hasta −6 °C
Zona 9	Desde −6 °C hasta 0 °C
Zona 10	Desde 0 °C hasta +6 °C
Zona 11	Desde +6 °C hasta +9 °C
Zona 12	Desde +9 °C hasta +16 °C

OBSERVAR LAS SOMBRAS

Pasee por su jardín a distintas horas del día, y en diferentes **estaciones** del año, y observe cómo cambian las condiciones de luz y cómo se desplazan las sombras. Compruebe el estado y la vitalidad de las plantas y la **humedad** del suelo.

Así su jardín con sombra florecerá espléndidamente

COMPRE CALIDAD

Compre solamente arbustos, árboles, matas o bulbos que a simple vista se vea que están **sanos,** es decir, libres de enfermedades y parásitos. Las plantas y los bulbos deberán ser también grandes y **fuertes,** y llevarán una **etiqueta** en la que constará el nombre de la especie y la variedad, y sus necesidades, así como la distancia que es recomendable mantener entre plantas.

FORMAR GRUPOS

Al organizar grupos de plantas dispondrá de una amplia variedad de posibilidades. Podrá combinar plantas de diferentes **alturas** y de formas distintas **formas.** También son bonitos los **contrastes** entre flores y hojas grandes y pequeñas.

APRENDA A MULTIPLICARLAS

Si en primavera u otoño **divide** las plantas viejas, no sólo se ahorrará **gastos** sino que éstas generalmente florecerán con más abundancia. La mayoría de las especies también se pueden multiplicar de forma económica **sembrándolas** en primavera mediante **esquejes.**

ESPECIES ADECUADAS

De las muchas especies de plantas que **viven bien a la sombra,** elija aquellas que mejor se adapten a las condiciones de su jardín. Procure elegir plantas de especies y variedades **fáciles de cuidar** y que sean robustas y resistentes a los caracoles.

FORMULE SUS DESEOS

Repase libros y revistas y busque **sugerencias** para su propio jardín. Vea cuáles son las **posibilidades** para plantar su jardín y para **acondicionar** el resto de zonas –lugar para sentarse, caseta o zona de juegos–.

Nuestros 10 consejos básicos

PLANTAR CORRECTAMENTE

Trabaje bien el suelo y elimine las malas hierbas. Siga las instrucciones por lo que respecta a la **época para plantar,** profundidad óptima y **distancia entre plantas.** La mayoría de las plantas agradecen que se añada una cierta cantidad de compost. **Riegue** abundantemente las plantas recién plantadas.

COMBINAR COLORES

Elija las combinaciones prestando atención tanto al color de las flores como al de las hojas. En la sombra, las flores **claras** parecen pequeños puntos de luz. En la **penumbra**, los colores **intensos**, como el rojo, e incluso los complementarios, como el lila y el naranja, parecen apagados y poco visibles.

CORTAR LAS PARTES QUE YA HAN FLORECIDO

La planta invierte mucha **energía** en la producción de **semillas,** y eso le impide florecer con más abundancia. Corte o arranque las flores **marchitas** lo antes posible. Así la planta podrá volver a florecer con fuerza.

COMPOST Y ACOLCHADO

Usted puede **mejorar** mucho el **suelo** de su jardín empleando elementos muy naturales y económicos. Proporcione compost a las plantas en primavera y en otoño, y cubra el suelo con una capa de acolchado.

Directora de la colección: **Carme Farré Arana**

Título de la edición original: **Schattige Gärten**

Es propiedad, 2006
© **Gräfe und Unzer Verlag GmbH,** Munich

© de la edición en castellano, 2008:
Editorial Hispano Europea, S. A.
Primer de Maig, 21 - Pol. Ind. Gran Via Sud
08908 L'Hospitalet - Barcelona, España.
E-mail: hispanoeuropea@hispanoeuropea.com

© de la traducción: **Enrique Dauner**

Depósito Legal: B. 2825-2008

ISBN: 978-84-255-1787-7

Consulte nuestra web:
www.hispanoeuropea.com

ADVERTENCIAS IMPORTANTES

> Algunas de las plantas que se describen en este libro son tóxicas o irritantes. No hay que consumirlas.

> Guarde los fertilizantes y demás productos para el cuidado de las plantas en un lugar fuera del alcance de los niños y los animales domésticos.

> Si se hace daño trabajando en el jardín, deberá ir al médico lo antes posible. Podría ser necesario administrarle la vacuna antitetánica.

LA AUTORA

Jolanda Englbrecht es ingeniero agrónomo agrónoma y estudió construcción de jardines en la Universidad Técnica de München-Weihenstephan. También es experta en jardinería y autora de numerosas colaboraciones en revistas especializadas, así como de libros sobre jardinería y paisajística.